中学校
学級全員が
説明する

Muto Toshiaki
武藤寿彰

明治図書

はじめに

　中学校教員として長年授業を行う中で，常に気になってきたことがあります。それは，「たとえ多くの生徒が意欲的に問題解決に取り組んでいたとしても，問題を自力解決できない生徒の何割かは説明を聞くだけで，結果として理解できないまま終わっている」ということです。

　拙著『中学校数学科　学び合い授業スタートブック』（2015，明治図書）でお示しした生徒同士の関わり合いは，この改善にかなり有効な方法ですが，交流の場を設けるだけでは，苦手な生徒が自身のわからなさを語ってくれるとは限りません。

　悩み続けた日々の中で，授業での生徒同士の関わり合いに「ある条件」を加えたところ，生徒の様子が一変し，ぼんやりと描き続けてきた理想の授業の在り方が，はっきりと見えた思いになりました。その1つが本著のタイトルでもある「学級全員が説明する授業」です。

　具体的には，生徒同士の関わり合いの中で，聞くだけ・受け身のままでは終わらせず，**全員が必ず説明する（主役になる）**という条件を加えたのです。

　全員が主役になる場を設定したことにより，生徒たちは驚くほど真剣に話を聴き，問題を読み，じっくり考え，自身のわからなさを含めて語り合うようになりました。

本著は，生徒たちと共につくり上げ，月刊誌『教育科学 数学教育』（明治図書）や日本数学教育学会研究大会で発表してきた多くの授業実践を基に，「学級全員が説明する授業」の価値はどこにあるのか，どうしたら「学級全員が説明する授業」が実現するのかについてまとめました。

　さらに，この授業の在り方に共感し，ご自身の授業に取り入れてくださった先生方にも，授業事例やコラムの執筆をお願いしました。「全員が説明する機会を設ける」という，たったそれだけのことで，短期間で生徒の変容を実感された先生方がこれほどいることにも，自信を深めることができました。

　昨今の授業改善のキーワードである「主体的・対話的で深い学び」「個別最適な学びと協働的な学び」を実現するための，現実的な一方策だとも自負しています。

　以前の私と同様，ご自身の授業の在り方に真剣に悩み，目の前の生徒たちのために日々ご苦労されている多くの先生方が本書を手にされ，授業を通して生徒の主体的・対話的な変容を実感されることを願ってやみません。

2025年3月

武藤寿彰

もくじ

はじめに／002

第1章
なぜ
「学級全員が説明する授業」
なのか

1 理想と現実の狭間で
  ―何から取り組めばよいのか／010

2 苦手な生徒の視点で授業を見直すと／020

3 「学級全員が説明する授業」を
  行う価値と概要／034

コラム「学級全員が説明する授業」に
取り組んでみて／048

第2章
「学級全員が説明する授業」の具体例

1 通常の授業に
「学級全員が説明する活動」を取り入れる／052

生徒発表や教師解説の後に，
学級全員が説明する活動／054
[1年／正の数・負の数／3つ以上の数の乗法]

生徒発表を途中から予想し，
学級全員が説明する活動／058
[2年／連立方程式／連立方程式の利用]

多様な解法がある問題で
学級全員が説明する活動／062
[2年／図形の性質の調べ方／くさび型四角形の角度]

口頭による証明で，
学級全員が説明する活動／068
[2年／三角形と四角形／2つの正三角形]

核心を突く生徒発表の後に,
学級全員が説明する活動／074
[3年／二次方程式／二次方程式の解]

2 教科書例題の学習に
「学級全員が説明する活動」を取り入れる／078

教科書例題を読み取り,
学級全員が説明する活動／080
[1年／一次方程式／一次方程式の解き方]

教科書の説明を読み取り,
学級全員が説明する活動／086
[2年／データの分布や比較／箱ひげ図の意味]

教科書例題を読み取り,
学級全員が説明する活動／090
[3年／二次方程式／二次方程式の解法]

記述を読み解く指導を入れた,
学級全員が説明する活動／096
[3年／関数 $y = ax^2$ ／複合問題]

教科書例題を読み取り,
　　学級全員が説明する活動／102
　　[3年／相似な図形／平行線と比]

3　テスト返却時に
　　「学級全員が説明する活動」を取り入れる／106

　　小テスト返却時に
　　学級全員が説明する活動／108
　　[全学年／全単元]

　　定期テスト返却時に,
　　学級全員が説明する活動／112
　　[全学年／全単元]

コラム　教科書例題を学級全員が説明する
　　　　活動に取り組んでみて／120

第3章
「学級全員が説明する授業」を有効に行うために

1　学級全員のモチベーションを高めるために／124

2 授業をデザインするうえで意識するべきこと／142

3 個を把握するための振り返り／152

コラム 他教科や高校で学級全員が
説明する活動に取り組んでみて／162

第4章
「全員が説明」に慣れるための,「全員が発信」する活動

1 ペアで問題を出し合う活動／166

2 選択式「音声計算カード」／174

3 アンケート結果を生徒に開示・共有する／180

おわりに／186

私たちの前には生徒たちがいて、やるべきこと・やらなければならないことが山積しています。

　教育改革の目的を達成するため、日々の授業を改善するためには、もっとシンプルな原則・判断基準が必要です。

　その中の欠かせない1つが、「**授業の中で学級全員が説明しているか**」です。

第1章
なぜ
「学級全員が説明する授業」
なのか

1 理想と現実の狭間で
―何から取り組めばよいのか

(1)理想を把握し具現化する余裕が現場にあるか

　2017年に現行学習指導要領が告示され，その後も2021年には「『令和の日本型学校教育』の構築を目指して」(答申)など，文部科学省や中央教育審議会からは，教育改革の方向性が次々と打ち出されています。

「主体的・対話的で深い学び」の実現に向けた授業改善
　育成を目指す資質・能力
　見方・考え方を働かせて
　数学的活動の一層の重視
　探究的な学び
　カリキュラム・マネジメントの推進
　個別最適な学びと協働的な学びの一体的な充実
　指導の個別化・学習の個性化
　誰一人取り残さない学びの実現…

　それぞれに重みや意味のある言葉です。
　先生方はこれらをどう感じているでしょうか。ここから授業のイメージが具体的にわくでしょうか。

日本の未来のために真摯に検討・作成している側は，考えられる最善のものを提示していることでしょう。審議会での議論や資料はweb上に逐次公開されているので，時間と気持ちに余裕があれば，情報を追いかけて意図を正しく読み取ることができるかもしれません。しかし，現場教師にその余裕はないのが現実ではないでしょうか。

　長年公立中学校で授業をしてきた私は，この状況に対して大きな違和感や疑問を抱いてきました。国として理想を掲げて示すことは重要ですが，実現のための具体を現場教師がイメージし難い施策を進めようとするのは，かなり無理がある，と。

　私たちの眼の前には生徒たちがいて，数学だけでも通常年間500時間を超える授業を行っています。理想を理解するだけではなく，それを明日の授業にどう落とし込むのかという具体的な方策が，常に求められています。

　現場には，今年はじめて教職に就く教師もいるのです。そんな先生に対して「個別最適な学びと協働的な学びを一体的に充実する授業をしてください」という言い方で，授業改善のアドバイスになるでしょうか。

　本質を提言することとは別に，だれもができると思える，もっと簡単で単純なこと，「まずはここから取り組みましょう」と言えるものがなければ，教育改革は「絵にかいた餅」に過ぎません。理想とする授業像に向かうための第一歩で戸惑うようでは，多くの先生方にとっては「絵にもかけていない餅」だと私は思うのです。

(2)基本的なことを理解・習得していない生徒たち

　全国学力・学習状況調査（数学）の正答数のグラフを2019年度と2024年度について，公立・私立・国立別に並べてみました。

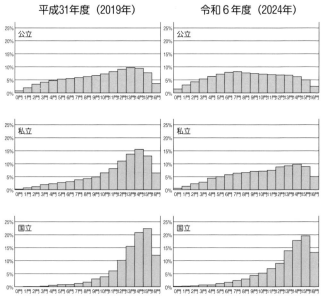

　公立と国立の参加校はいずれも95％以上なのに対して，私立は2019年が47.6％，2024年が32.1％と減少し，私立校の実態を表しているとは言い難いのですが，公立，私立，国立を縦に比べてみると，同じ調査を行った結果とは思えないほどの違いが見られます。特に公立では，正答数が少ない生徒の割合が高いことがわかります。

問題の難易度が異なることや、コロナ禍の影響を受けていることもあって単純な比較はできませんが、同じ校種で比べてみると、国立では5年前と比べてグラフの形状に大きな変化が見られないのに対して、公立ではグラフの形状が明らかに左に寄り、正答数が少ない生徒の割合が増えているのも気になるところです。

　さらに観点別に比較すると、下表のようになります。

	平成31年度(2019年)		令和6年度(2024年)	
	知・技	見・考	知・技	思・判・表
公立	68.5	51.0	63.1	29.3
私立	79.0	63.3	71.3	42.6
国立	87.8	76.3	85.5	65.7

(平成31年度の観点は4観点のため、「技能」と「知識・理解」の正答率を問題数に応じて「知識・技能」の観点として武藤が算出)

　文部科学省の報告書でも「思考・判断・表現」の問題の多くは「課題がある」とされています。確かに正答率が低く、5年前と比べても落ち込みが大きいことや、特に公立では私立、国立との差が大きいので、それは理解できるのですが、「できている」とされている「知識・技能」の正答率が依然として三分の二程度であることにも、課題があると感じます。基本的なことさえできない生徒がこれほどいる現状を改善できないようでは、「思考力・判断力・表現力」を伸ばすことなどできないと思うからです。

(3)基本的内容の理解・習得すら改善されていない

　少し前の話になりますが，岸本裕史氏や陰山英男氏が考案・普及させた「100マス計算」は一世を風靡して全国に広がり，今も継続して実施している学校があることでしょう。また，九九を諳んじることは，日本中の小学校で行われていることでしょう。それは，これらの活動を行えば確実に計算力が伸びることを，教師も子どもたち自身も実感できる方法だからでしょう。

　それでは，中学校数学において，これらに相当するような有効な指導法・解決策はあるのでしょうか。

　下は平成20（2004）年の全国調査の問題で，正答率は公立76.7％，私立91.2％，国立94.7％でした。

$$\text{連立方程式 } \begin{cases} y = 3x - 1 \\ 3x + 2y = 16 \end{cases} \text{ を解きなさい。}$$

　また，下は令和4（2022）年の全国調査の問題で，正答率は公立74.5％，私立85.6％，国立94.0％でした。

$$\text{連立方程式 } \begin{cases} 2x + y = 1 \\ y = x + 4 \end{cases} \text{ を解きなさい。}$$

　さらに気になるのは，この問題の無答率で，私立，国立ではいずれも1～2％程度なのに対して，公立では平成20年は11.1％，令和4年は6.1％もあったことです。

連立方程式を解く問題は，中学2年までの計算の総まとめ的な存在です。どの先生も力を入れて繰り返し指導されていることでしょう。取り上げた2つの問題は，式の一方が「$y=$」の形ですが，係数に分数小数もなくカッコもついていません。解が整数値であることから確かめも簡単なので，連立方程式としては易しい問題の部類です。そんな問題を，20年前も2年前も，公立中の四分の一程度の生徒が3年生4月の時点で正解できないのです。

　正解できない生徒は，連立方程式の解法のよさを味わうことはもちろん，連立方程式を利用した問題や一次関数への活用の授業でも，理解できなかったかもしれません。

　さらに気になるのは，この問題ができなかった生徒は，連立方程式が解けないだけでなく，それ以前の，正負の数や文字式の計算でつまずいている可能性もあるということです。代入や式の値，方程式を解くことの意味を理解していないことに起因している可能性もあります。計算が苦手なだけでなく，そもそも数学を学ぶことをあきらめている生徒もいるのではないでしょうか。こうして考えていくと，単なる計算問題であっても，つまずきの要因は様々で，しかも1人1つに限らないことが予想できます。

　生徒たちと日々接している教師は，少しでも生徒が理解しできることを願って，丁寧に解説することや，繰り返し練習させることを粘り強く行っています。しかし，こういった方法の繰り返しでは，おそらく問題の解決には至らないことにも，多くの先生方は気づいていることでしょう。

第1章　なぜ「学級全員が説明する授業」なのか

(4)「個に応じた指導」をどうイメージするか

　ちなみに令和4年の全国学力・学習状況調査の報告書では，この連立方程式の問題について，「学習指導に当たって」の項目で以下のように記述されています。

○　**連立二元一次方程式を工夫して解くことができるようにする**

　連立二元一次方程式を解く場面において，二つの文字のうち一方の文字を消去して一元一次方程式に帰着させて解くといった方針に基づいて，加減法や代入法を用いて解くことができるように指導することが大切である。

　本問を使って授業を行う際には，加減法や代入法を用いて解き，それぞれの解き方を比較し，立てた方針を振り返る場面を設定することが考えられる。その際，加減法と代入法のどちらも，二つの文字のうち一方の文字を消去して一元一次方程式に変形して解くことから，連立二元一次方程式を解く際には，一元一次方程式に帰着させるという考え方に生徒自らが気付くように工夫し，加減法や代入法の解き方を理解できるようにすることが大切である。さらに，連立二元一次方程式を解いて得られた値が解であるかどうかを確かめたり，誤って変形した例を示し，誤りを指摘し修正したりする場面を設定することが考えられる。

確かにその通りなのですが，これはどの教室でも普通に指導している内容でしょう。私たちが苦労しているのは，個人差がある中で，どうやってその指導をすべての生徒に腹落ちさせるかなのです。「個に応じた指導」「個別最適な学び」という言葉とは裏腹に，具体的な方策を示さず，現場に委ねている苦しさを感じます。

　では，「個に応じた指導」と言われたときに，先生方は具体的にどんなことを考えるでしょうか。

　もしこれを，歯磨きが苦手な生徒（支援が必要な生徒）を教師が見つけて，順番に生徒の歯を磨いたり治療したりするイメージで捉えているのだとすると，支援が必要な生徒の多い公立中学校では無理があります。

　限られた時間の中で，生徒一人ひとりを分析・把握し，教師1人で個別に対応することが，日常の中で可能だとは思えません。たとえ可能だとしても，口を開けて磨いてもらうのを待つ生徒にしているようでは価値がありません。効果が見えない方法を無理やり押しつけないのはもちろんですが，たとえ効果があっても，教師ががんばることで結果を出し，生徒が自身で成長しようとしない方法では，意味がないのです（地道で誠実に努力されている先生方には，頭が下がるのですが…）。

　教師がその場その場で奮闘するだけでなく，これらの困難さを乗り越える，実現可能で有効な手立てを見いだすことが，私たちには求められています。

(5) 探究的な学びを行うためにも

　私自身は、これまで基本的な学習の習熟だけに主眼を置いた授業改善を行ってきたわけではありません。「生徒の『問い』を軸とし、生徒が真に探究する学び」の実現を目指し、ICT も活用し、授業開発や授業改善に長年努めてきた１人だと自負しています。

　しかし、その実現には、当然のことながら基本的な内容の習得が必要です。基本的な事柄を理解していなければ、興味深い事象に出合っても、不思議さや興味を感じることさえ難しいかもしれません。また、なぜそうなるのかを解明・理解するためには、いくつかの知識や技能（定理や性質、計算処理など）が必要になります。このようなことは、説明するまでもなく、現場の先生方ならご理解いただけると思います。

　結果として、私は目指す授業の実現に加えて「全員が参加し、基本的事項を習得できる授業」の在り方についても、意識して研究し、実践を重ねるようになりました。

　それにしても、基本的な問題の正答率でさえ、20年前と変わらない原因はどこにあるのでしょうか。私たち教師も手をこまねいているわけではなく、日々努力を重ねています。苦手な生徒たちも、最初から「自分にはできない」とあきらめていたわけではありません。

方策を見いだすためには，原因を明らかにすることが肝要です。たとえ仮説であっても，納得できる原因が見いだせなければ，改善のための対策を立てて具体的に尽力することはできません。

　関係者が長年努力を重ねても改善していないことだとすると，私は構造的に欠落していること，つまり多くの教師をはじめとする研究者・関係者が，よかれと思ってやっていることや，当然だと思っていることの中に見落としているものがあり，そこに原因があるのではないかと思うようになりました。

　原因を見いだすための第一歩として，これまで当たり前だと思ってきた私たちの授業スタイルを，苦手な生徒の視点で見直すことから始めました。

2 苦手な生徒の視点で授業を見直すと

(1)大学生がイメージする「よい授業」から見えた欠陥

　数年前から，私は大学生に数学科教育法を指導するようになりました。そこで学生たちに模擬授業を考えさせると，次ページのような習得的な授業スタイルに基づいて授業を構想していることに気づきました。これは彼らが受けてきた授業の縮図だろうと思います。

　教師は工夫した問題を提示し，予想をさせたり，ヒントを与えて考えさせたりします。段階的に問いかけながら解説し，発表や教え合いの場などの生徒が活躍する場を設けます。議論の結果をわかりやすく板書し，時には正解プリントなどを準備したうえで解説することで，授業者はよい授業を行ったという充実感があるようでした。
　問題を多少でも自力で解いて結果を他に発信できる生徒なら，教師の問いかけにも反応でき，教え合いにも自分から参加できます。発表する際には，言葉や順序を選ぶなど，発言内容を頭の中で瞬時に確認することになり，発言に対する反応も受けられるので，表現や理解が洗練されます。そのうえで教師の解説を聞くので，授業が充実した価値あ

る時間になることでしょう。

　授業において，よく発表する生徒ほど力をつけ，伸びていくことは，先生方も実感されていることでしょう。

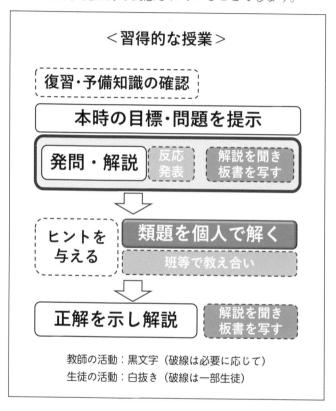

　一方，問題を自力で解けない苦手な生徒には，この授業はどのように映っているのでしょうか。

　とても苦手な生徒の予想される実情を並べてみます。

・復習や予備知識を短時間で語られても，これまで理解できていない内容ですから，当然，理解できません。
・問題の意味がわかっていないかもしれません。
・「自分で考えよう」と言われても，考えられません。
・ヒントを与えられても，なぜそのヒントが有効なのか，どう活用すればよいのかがわかりません。
・教え合いといっても，説明を聞くだけです。聞いたふり，わかったふりをしてしまうことも可能です。
・教師と生徒とのやりとりにも反応できないまま，教師の解説を聞いても理解できません。
・もちろん全体の場で質問することはできません。
・理解できないまま授業は進むので，とりあえず理解できなくても板書をノートに写して，授業は終わってしまいます。

　興味深い問題で生徒を惹きつけ，授業冒頭で予想を立てさせたとしても，肝心の解決場面では，話題についていけず置き去りにされている生徒の姿を見かけます。どんなに興味深い題材を扱った授業であっても，最終的な解決の理解や思考の深まりがなければ，その生徒にとって，授業はさほど価値のあるものにはなりません。
　解法や内容を理解できない生徒がいたり，間違った認識をしていたりしても，それらは通常表に出てこないので，あまり気づかれず，もしくは仕方がないこととして授業は進んでいきます。苦手な生徒が黙っているおかげで，これ

までの授業は，教師の意図通りに進んでいたのかもしれません。それでも，教師には授業を進めて生徒と共に問題を解決したという充実感があるので，このスタイルが大きく改善されることはありません。

これまでのことから，授業の在り方についての構造的な欠陥として以下の①～③が挙げられます。全くの仮説ですが，これについて説明していきたいと思います。

---

①教師は，一斉授業の中で丁寧に説明すれば，生徒は理解できると思い，授業を進めている。(だから解決の場面は，教師の解説で終わることが多い)

②現在のほとんどの授業において，解決の場面で説明する機会があるのは，自力で解決できた生徒だけである。(しかし，教師は全員に対し発問や問いかけをして授業を進めているので，全員に説明する機会を与えているつもりでいる)

③問題を自力で解決できない生徒は，解決の場面以降では他に説明する機会はなく，説明を聞いて板書をノートに写すことしかしていない。(しかし，教師はそのことに気づいていない，もしくは仕方がないことだと思っている)

(2) 教師の問いかけ（問答法）で進める授業の危うさ

　「そんなことはない」「生徒全員に問いかけながら丁寧に授業を進めているのだから、苦手な生徒も考え・理解しているはずだ」と思われる先生も多いことでしょう。

　それでは、教師が丁寧にステップを踏んで全体に問いかけ、生徒の反応を取り上げて説明する指導スタイル（問答法）について、少し考えてみましょう。当たり前に行われているこの指導スタイルにも、見落とされている大きな落とし穴があると私は思うのです。

　ソクラテスの行った問答法は、1人の相手に対して問いかけて、回答に応じてさらに問いを重ねていくことで主張の矛盾に気づかせていく方法です。

　この方法は、教師が一方的に説明することに比べれば、もちろん優れています。しかし、問いかける対象が多人数なので、問いかけに対する生徒の反応は一様ではありません。すると、生徒の回答を受けた次の問いかけは、必然的に全員にフィットしたものではなくなります。

　また、問いかけに対して回答する生徒は、どのぐらいいるでしょうか。だれかが回答すれば授業は進みます。回答していない生徒もいることでしょう。塾などで学んでいて正解を知っている一部の生徒の発言に支えられて、授業が進行しているのだとすると、何のために生徒に問いかけているのかが、わからなくなります。

また，丁寧にわかりやすくしようとして問いかけのステップ数を多くすると，一つひとつは簡単でも，脱落する確率は増加します。途中までわかっているからと油断して話を聞き洩らし，気づくとわからなくなる生徒も，いることでしょう。

このスタイルの危うさは，まだあります。

教師は見通しをもって問いかけていますが，生徒にそれは見えません。なぜそのステップに進むのか，この先どこへ行くのかもわからないまま進みます。うまく進んだとしても，達成感はあまりないかもしれません。自分の力で到達できたのではないからです。

ところが教師は，自分の指導で生徒を目標に到達させたわけですから，達成感があります。到達した生徒を見て，よい指導ができたと思ってしまうかもしれません。

さらにこのスタイルは，教師が意図した回答のみを求めることになりやすいことに気づかれているでしょうか。

　問いかけに対して教師が求める反応であれば「そうだね」と肯定的なジャッジで受け止め，授業は1ステップ進みます。一方，教師が想定していない反応には，否定しないまでも，想定した次のステップに進めるために「他に意見はあるかな？」と生徒に聞き返すことでしょう。すると生徒たちは，「先生が求めていない反応なのか」と思うのです。「間違えても構わないから」と教師は口では言うのですが，その後の対応を見ている生徒には，そうは思えなくなります。教師は当然のように，求める反応が出るまで尋ね続けてしまうのではないでしょうか。

　これを繰り返していくと，教室は正解しか答えられない微妙な空気になっていきます。

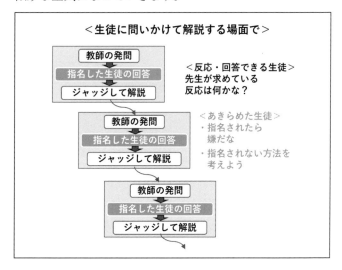

問いかけに上手に答えられ，積極的に挙手をするような生徒たちの中には，「先生は何と答えてほしいのかな？」と考えて反応する者もいることでしょう。時には必要な発想かもしれませんが，少なくともそれは，主体的に学ぶこととは程遠いものです。
　一方，問いかけに答えられない生徒たちは，この場面でどう考えているのでしょうか。
　「どうせ自分は正解できない」とあきらめてしまうと，問いかけに答えるよりも，みんなの前ではずかしい思いをしないように，教師から指名されないことに全力を注ぐ生徒も出ることでしょう。例えばこんな生徒たちの姿です。
・考えているふりをして，教師と目を合わせない。
・ノートを書くことに専念しているふりをする。
・寝たふりをして机に伏せる。
　このような生徒の姿は，多くの先生方が思い当たるのではないでしょうか。

　学びから逃避するこれらの行動を見ると，教師は「学ぶ意欲のない生徒だ」と捉え，あきらめがちです。
　厳しい言い方になりますが，そのつもりはなくても，生徒が学びから逃避しているのは，教師が仕向けているのかもしれないという認識をもつべきだと思います。生徒に比べて知識や経験がある私たち教師は，問題を解ける生徒側に立って発想しがちなことを，自戒すべきなのです。

(3) わかりやすい説明を聞かせることの限界と弊害

　大学生たちは,「苦手な生徒には, わかりやすく丁寧に説明して教えたい」と思って模擬授業を行おうとします。もちろんその姿勢は大切なことです。

　しかし, わかりやすく丁寧に説明すれば, 全員が理解できるのでしょうか。説明がうまくなれば, 全員の生徒が洩れなく理解できるようになるものでしょうか。

　残念ながら, 私は無理だと断言します。

　連立方程式を解く場面（p.15）でも示したように, 生徒によって理解していることもつまずいていることも違いがあります。そのすべてに対応することは, 1対1なら可能かもしれませんが, 全体の場での説明では, 一人ひとりの理解度を表情からはかることも難しく, 把握できたとしても, それに応じて説明を変えるには限界があります。

　例えるなら, 教師が長い歯ブラシの柄を40本束ねて持っていて, 一度に40人の生徒の歯を磨こうとするようなものです。生徒により口の大きさも, 歯の大きさも, 歯の向きも違います。磨き難いところは個人差があります。

　何より, 丁寧に説明しようとすると, 説明は必然的に長くなります。前出のように一つひとつの説明はわかりやすくても, 説明が長くなることで, どこかでつまずく生徒が生まれる確率は高まります。

さらに，説明が上手な教師が説明すると，まわりの雰囲気で，わかった気になってしまうことがあります。

　多くの生徒が「そうか」と声を上げ，教室がわかった空気感で包まれている中では，「なぜ？」や「よくわからない」とは言い出しにくく，言い出すにはかなりの勇気が必要です。疑問に思っても「みんなが納得しているから」「あの先生が言うのだから」と無批判に受け入れたり，「今は言わない方がよいかな」と忖度したりする生徒もいることでしょう。

　「後で個人的に質問をしよう」と思っていても，授業が進む中で聞こうと思っていたことがわからなくなり，結局質問しないまま終わる生徒も多いことでしょう。

　ですから，わかりやすく説明できる教師であるべきですが，その技術を磨いても，全体への説明で学級全員を理解させるのは無理だということも理解する必要があります。あわせて，わかりやすい説明が生む弊害があることを，教師は理解しておくべきだと思います。

　これまでのことから，前に示した私の重大な気づき③は，もう一歩踏み込む必要があります。

---

③′ 問題を自力で解決できない生徒は，解決の場面以降では他に出力する機会がない。多くは内容を理解できないまま説明を聞いて，板書をノートに写すことしかしていない。(させていない)

(4) 説明を聞いてノートに写せば理解できるのか

　前出の授業スタイルでは，教師が解説やまとめを説明する際，苦手な生徒たちは，理解できなくても何も言えません。そんな中でできることといえば，理解していなくてもノートに写すぐらいしかないことを述べました。

　実際，このような場面で多くの教師は，苦手な生徒に対しても，黒板に書いたことをノートに写すように指導していることでしょう。その思いもよくわかります。真面目に板書を写している生徒を見ると，前向きに取り組んでいることに安心したり，前出のように教師の説明が理解されていると思ったりするからです。

　反対に，それすらしていない生徒を見ると不安に思うからでしょうか。せめてノートに写すようにと指導しがちです。写す作業を通して，もしくは，後から見直すことが可能になるので，苦手な生徒も内容を理解するのではないかと期待しているのかもしれません。

　しかし，考えてみてください。問題をおおよそ解けている生徒なら，教師の板書を写す量も少なくて済みます。どこを強調してノートに書くべきかなど，学んだ内容に意識を向ける余裕があります。

　一方，苦手な生徒は，苦手であればあるほど，理解していないことをたくさんノートに写さなければなりません。多くのことを写す作業を強いて，写せば理解できるだろうと期待するのは，かなり都合のいい話だと思いませんか。

苦手な生徒はノートに写す（字を書く）作業で精一杯で，内容を読み取る余裕はほとんどないと思うのです。

　ある程度のスピードで板書をノートに写せる生徒なら書こうとするかもしれませんが，字を書くスピードが遅い生徒や，黒板とノートの視線の往還が苦手な生徒はどうでしょうか。内容を理解していないのですから，書くべきことを選択できるわけもありません。言われるままに書き出すと，途中までしか写せないことが続きます。すると「どうせ途中までしか写せないなら意味がない」と思って写すこともあきらめたり，自分をダメな人間だと思って否定したりするのではないでしょうか。

　また，ノートに写さない生徒もいるからと，解答のプリントを配付することで，ご自身の責任を果たそうとしている先生もいることでしょう。「自分は正解を生徒に伝えた」と思えるのかもしれませんが，プリントを読んで理解できるぐらいなら，解答つきの問題集があれば，生徒は授業を受けなくても自分でできるということになります。当然ですが，そんなことはありません。

　教師は丁寧にわかりやすく説明し，プリントまで用意して努力しているのに，それが生徒の理解や自己肯定の向上につながっていないとすると，これほど悲しいことはありません。これらの指導や授業スタイルの構造的な欠陥を改善しないまま，闇雲に教師が努力しても，問題はほとんど解決しないと私は思うのです。

(5)単なるグループワークでは届かないこと

　グループ活動や教え合いを授業に取り入れている先生方も多いことでしょう。拙著『ペア，スタンドアップ方式，4人班でつくる！　中学校数学科　学び合い授業スタートブック』(2015，明治図書)でも，生徒同士の関わり合いのよさを解き，様々な形を示し，推奨しました。例えば，グループで話し合い，ホワイトボードやweb上のスライドなどにまとめや発表することを行えば，より多くの生徒が活躍し，理解する生徒が増えることが予想されます。

　しかし，グループでの活動の限界や「教え合い」「学び合い」の限界を感じている先生方もいることでしょう。

　それは，グループ活動をよく見ていると，理解している1人の生徒だけが意見を出しまとめや発表をして，他の生徒は聞くだけになっているからです。そこまで極端でなくても，一部の生徒が意見を出して，限られたメンバーだけでまとめて発表していることはよくあります。それでもグループのメンバー全員がまとめ，発表した内容を理解していればよいのですが，一方通行のやりとりしか行われていないとすると，それも怪しく，グループ活動をしている意味がないこともあります。

　グループでの「教え合い」や「学び合い」が，単に，わかっている生徒がわからない生徒に対して教えることを指しているのなら，それは「教え合い」でも「学び合い」でもありません。一方通行の「教えること」にすぎません。

もちろんそれで，わからない生徒がわかるようになるのなら，少しはよいのですが，常に教えられている状態でいると，生徒は当然受け身になります。立場に差が生まれることから，「自分はダメな存在だ」と思うようになり，「わからない」と言うことも躊躇するようになります。

　また，教える側は優越感をもちやすくなります。「まだわからないの？」「この前も同じことを説明したよね？」など，心ない言葉を吐かれたり面倒な表情をされたりして，「自尊心を傷つけられるぐらいなら，教えてもらわない方がいい」と教わる側の生徒が思うことがあっても，無理はありません。

　互いが良好な関係であったとしても，級友が丁寧に説明してくれると，「理解していなくても，『わかった』と言わないと悪いのではないか」と気をつかい，わかったふりをしてしまうこともよくある話です。

　つまり，グループ学習や「教え合い」「学び合い」でも，苦手な生徒に学びの決定権があり，彼らが本気で参加しないことを決め込んで，傍観者になってしまうことが可能なのです。そうなってしまうと，どんなによい活動のつもりでも，価値も効果もなくなるのです。

　どうしたら生徒同士のやりとりが往還し，実効性のあるグループ活動や「教え合い」「学び合い」になるのかを考えることが，最大のポイントなのです。

3 「学級全員が説明する授業」を行う価値と概要

(1)観戦している生徒をフィールドに立たせる

　これまでのことを打破し，どなたにでもできるシンプルな原則・判断基準を提言します。

> 　解決場面または解決後に，「学級全員が説明する活動」を取り入れる。

　「そんなことで…」と思われるかもしれません。または「そんなことが可能なのか」と疑問に思われるかもしれません。詳細は次節に説明することとして，まずは全員が説明することの価値について書いてみます。

　説明するというのは，単に答えを言うのではなく，なぜそうなるのかなど，授業で理解させたい核となる内容を，全員が説明する機会を必ず設けることです。これを取り入れることで，授業展開はもちろんのこと，生徒の学びも，教師の指導も一気にプラスに変容します。

　前節までに記したように，苦手だと思っている生徒たちは小さな問いかけにも反応せず，考えていないことが多い

のです。つまり、この生徒たちは、活躍する他の生徒のプレーを、ただスタンドから観戦しているだけなのです（観戦すらしていない生徒もいるかもしれません）。そして、聞いてもよくわからなかったことをノートに写しています。板書を正確に写せば、ノートには正しいことしか書かれません。どこまではわかっていて、どこでつまずいているのかを読み取ることは、本人にも難しくなります。ノートを正しく写してさえいれば、教師から指摘されることもなく、他の生徒から揶揄されることもないので、彼らは安全圏にいられると思うのかもしれません。

　しかし、毎日がこの繰り返しだとしたらどうでしょうか。数学は基本的なことの積み重ねを経て、新たな学びを構築していくので、一度このパターンに入ると、抜け出すのはとても難しくなります。結果として彼らに学びの実感はなくなり、「こんなことをしていても意味がない」と、学びから逃避する生徒が出てもおかしくはありません。

　ところが「全員が説明する」ことになったら、どうでしょうか。全員がフィールドに立ってプレー（説明）するのです。最初は多少無理があったとしても、まずはすべての生徒をバッターボックスに立たせて、傍観者ではいられない状況にするのです。

第1章　なぜ「学級全員が説明する授業」なのか　035

(2) 全員が説明することの価値

　自分が説明（プレー）することになると，「説明できるように内容を少しは理解しなければ」と思って，今までよりも真剣に授業を受け，教師の問いかけにも考えようとし，他の生徒の反応や発表を理解しようとするのではないでしょうか。

　たとえ説明がうまくできなかったとしても（それに対するフォローは必要ですが），スタンドで観戦していただけの授業に比べれば，生徒たちの本気度は大きく変わります。このことだけでも，生徒は「主体的な学び」に一歩近づくと言えるかもしれません。

　説明することは，自分の理解を再構成する機会にもなります。説明することで，より適切な言葉が選ばれ，相手にわかってもらうための工夫をすることで理解が洗練されていきます。さらに，説明したという事実やドキドキ感が，記憶の定着をいつも以上に高めることでしょう。

　「あんなに説明したのに，どうして理解していないんだ」
　職員室でテストの採点をしながら，思わず口に出していた同僚の先生の声を思い出します。説明する側は，わかりやすく伝えるために，様々なことを考え，工夫します。しかし，聞く側は，多少聞き取れなかったとしても，スルーしがちです。生徒たちは日々多くの授業を受けています。聞くだけでは印象に残らなくても，当然かもしれません。

ですから，生徒全員を聞く側（観客）から説明する側（プレーヤー）にするのです。無理だと思わず，どうしたらそれが可能になるのかを考えるのです。

　説明することは，個別に異なるつまずきを解消する絶好の機会にもなります。わかっているつもりで説明してみると，実はわかっていなかったということは，よくある話です。苦手な生徒たちほど，わかることとわからないことの区別が曖昧ですが，通常は表出されません。「質問はありますか？」と尋ねられてもなかなか言い出せませんし，自身のわからなさに気づいていないことも多いからです。
　聞く側の意識を育てておくことは必要で，後述しますが，「学級全員が説明する活動」は全員に出力することを課しているので，単なるグループ活動や「教え合い」「学び合い」に比べても，すべての生徒が受け身になり難いのです。説明を通して互いの理解を確認するという目的が明確なことから，質問や意見・説明が往還し，価値ある関わり合いが生まれやすくなります。
　級友から間違った説明を聞かされたら，思わず，「それは，そういうことではなくて…」と逆に説明を始める生徒もいることでしょう。
　交流がうまく回り始めると，互いの人間関係も良好になります。この活動を取り入れるだけで，理想とする「協働的な学び」にも一歩近づくかもしれません。

(3) これならできると思える内容を全員が説明する

　説明する内容は、まずは、多くの生徒が「これなら説明できる」と思える内容を取り上げます。例えば、教師が解説した内容でも構いません。これなら苦手な生徒も、説明されたばかりのことですから、「説明できるかも」と思うことでしょう。簡単な内容でも説明することには適度な難易度があり、できれば達成感が生じます。

　従来の授業では、教師が解説すると、（古いたとえ話で恐縮ですが…）水戸黄門が印籠を出したときのように生徒たちは平伏し、全員が一応わかったことになって、次に進みます。でも、わかっていない生徒は必ずいます。ここで教師が「質問はありますか？」と尋ねたとしても、質問できる生徒はほとんどいません。苦手な生徒ほど、間違いを恐れて質問できないのです。

　通常は、この後理解を確認するために類題や適用問題を各自で解かせるケースが多いことでしょう。このとき、全員がスラスラ解けるのなら問題ないのですが、はずかしながら私の過去の授業の多くでは、何割かの生徒は自力で解けない、もしくは取り組めない状態でした。繰り返しになりますが、どんなに教師がわかりやすく解説しても、聞くだけでは何割かの生徒は理解できないのです。そのままで新たな問題を自力で解くことは、とても難しいでしょう。

　そこで教師が解説した後に、「今の話、理解できたかな？　確認のために全員立って、説明し合おう」と呼びか

けて「学級全員が説明する活動」を行います。ここでのゴールはもちろん,「全員が説明・納得すること」です。

おそらく最初は,得意な生徒が,苦手な生徒に説明することでしょう。それで構わないのですが,絶対に譲ってはいけないことは,一方が説明するだけで終わらないこと。つまり,説明を聞くだけで終わる生徒をつくらないことです。説明を聞いて「そうか」「わかった」では終わらせず,「わかったのなら説明して」と説明した相手に発言権を渡して説明を促し,必ず全員が説明する場にするのです。

うまく説明できなくても構いません。困ったときは聞き手側に質問したり,サポートを求めたりして説明するのもOKとします。まがりなりにも説明することで,自分なりに論理を再構築できれば,理解につながります。

板書を黙ってノートに写しているだけでは得られない,大きな経験や学びが,ここにはあります。

説明する相手は,基本的には座席の近くの生徒でよく,7割近くの生徒が説明できそうな内容ならペア活動,5割程度なら4人以下の小グループの活動にします(それ以下の場合については,p.148で紹介します)。

第1章 なぜ「学級全員が説明する授業」なのか 039

(4)立って説明する

このとき,「立って全員が説明し,納得できたら座る」ルールを敷くことをおすすめします。

「説明するのに,なぜ立つのか」と疑問に思われることでしょう。生徒からも質問されるかもしれませんが,理由はともかく,まずは立って説明させてみてください。一度やってみると,「なるほど」と思うことがたくさんあるはずです。

数学の授業中に生徒が立つ機会はとても少なく,発表して活躍しない生徒は,いすに座ったままで1時間が過ぎることがごく普通でしょう。

「立って説明を行い,全員が説明し,納得したら座る」ことは気分転換にもなるようで,不思議なぐらい「説明しよう」とする気持ちのスイッチが入ります。立つことで相手との距離が自然と近づき,視線や表情,うなずきや息遣いなどの小さな反応も捉えやすくなります。立って説明することで,身振り手振りも増えることでしょう。

教師も,説明に困っているかどうか,説明者の熱量,聞き手の姿勢,互いの関係の良し悪しまで,見取りやすくなります。もちろん,全員の説明が終わったかどうかは一目瞭然です。

(5)すべてを把握・対応せず，生徒に委ねる

 「生徒同士では間違ったやりとりが行われてしまうのではないか」「どうやって生徒を見取るのか」と心配される先生方も多いと思います。もちろんそういった心配はあるのですが，私は皆さんに提案します。教師が生徒の活動のすべてを把握することや，すべてに対応することはあきらめ，基本的に生徒同士のやりとりに委ね，とにかく全員が説明する機会を設けることを優先すべきだ，と。

 それでは授業にならないと思われるかもしれませんが，本当にそうでしょうか。教師が説明する際に，生徒が正しく理解しているかを先生方はどこまで把握しているでしょうか。生徒の表情や，反応から捉えているのだとしたら，「学級全員が説明する活動」でも同じことは可能です。説明を生徒に聞かせる授業では，生徒が誤解していても，それが表面化しないだけです。説明し合えば誤解も表出し，互いのやりとりで解消が図られる可能性があります。教師もすべては捉えられないのですが，生徒がやりとりをしていれば，誤解している生徒に気づく可能性も生まれます。

(6)適切な反応（フィードバック）が生命線

「全員が説明し合う活動」が価値ある活動になるかどうかは，聞き手となる生徒の反応に委ねられています。聞き手がどんな反応をするのかで，説明する側の気持ちも大きく変わるので，学級全体として聞き手を育てていくのは大切なことです。

ですから，説明する側，聞く側の両方に向けて，

「説明してわかっていないようなら聞く側に積極的にサポートを求めよう。全員が理解できるようにがんばろう」

「説明者がわかっていないようだったら，それをスルーして説明したことにせず，気になったら質問して，理解を確認することが本当の優しさだよね」

「このクラスのメンバーだからできることだと先生は思っています。説明する側も，聞く側も，みんな頼むよ」

といった声かけをします。

さらに，黒板には「わかったふりをしない，させない」と赤ではっきりと板書し，本気の関わり合いを願います。

理解していない人の説明を，理解している人が聞くと，理解していないことは伝わるものです。また，聞き手の生徒は，学習したばかりの内容なので，説明者がどこでつまずき，どこで勘違いしているのかを，教師よりも的確に指摘できることがあると，これまでの経験から実感しています。

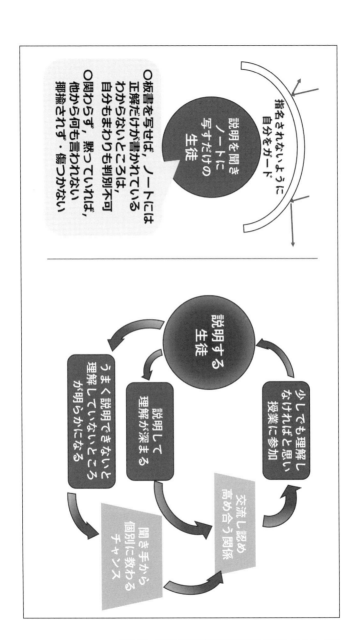

(7)「全員が説明し合う」時間を生み出す方法

「全員が説明し合う活動」には、どんなに簡単な内容でも３〜５分の時間が必要です。その時間を生み出す１つの方法として、授業冒頭でよく行われる「教師が本時の予備知識・復習を語る」を省くことをおすすめします。

ある研修会で、「授業で生徒が使う ICT の操作は、いつ指導するのか」という質問に対し、愛知教育大学の飯島康之先生は「現地調達方式（生徒が必要に迫られたときに教える）がよい」と回答されていました。私も同感です。

授業で問題を解決することを山登りに例えてみます。登ったことのない初心者の生徒に対して、熟達者である教師は、必要だからと事前に知識や装備を詰め込みたくなります。最低限必要なものはともかく、事前にたくさんのことを言われても経験のない生徒には、必要性も意図も理解できません。教師は、苦手な生徒のために丁寧に説明しているのですが、短時間の説明で理解できるのは、山に登ったことがある得意な生徒だけかもしれません。

登山でしたら、引き返して装備を取ってくることは難しいですが、「全員が説明し合う活動」ならば、生徒によって異なる「わからなさ」が見えたそのときに、生徒同士でわからなさを補い、対処することが可能です。

ですから、必要な生徒ほど伝わらない全体への「予備知識・復習の説明」に時間を割くよりも、「全員が説明し合う活動」時間の確保を優先すべきだと私は考えます。

(8) AIでは認知できないものを生徒は認知している

　生成AIに尋ねれば何でもわかる時代になりつつあります。驚くことがあまりに多いので，今ではあまり驚かなくなっている感じです。とはいえ，プロンプトやデータを入力しなければ，AIは回答できません。ですから，何も書けない（入力しない）人に対して，AIはまったくのお手上げ状態でしょう。

　しかし，相手が人間ならどうでしょうか。何も言わなくても，それがわからないからできないのか，じっくり考えているから何も書けないのか，それとも何かトラブルがあってやる気にならないのかなど，その人の状態をさぐり，時には逆に質問して判断し，それに応じてさらに何らかの働きかけをすることでしょう。

　同じ文章を書いたとしても，受け取るのがその場にいる人間なら，相手の表情や様子，普段との違いなどから心情までを読み取って，本気で書いた文章なのか，まわりを真似して書いただけなのかなど，テキストだけでは読み取れないことまで読み取って対処することでしょう。

　人間ですから，読み間違えることもあります。しかし，少なくとも今あるAIではできないことを，生徒たちはごく自然に行えるのです。その力を使わない手はないと私は考えます。

(9)教師の在り方が変わる

　このような活動を取り入れると，教師の授業での在り方が大きく変わります。

　教師が最前線に立ってプレーするような授業もしばしば見かけます。教師が問題を提示し，問いを立て，教室内のだれよりも語りかけ，板書し，生徒を見取り，解説して，授業のほとんどをコントロールしている授業です。エースで4番，審判までも教師1人で行っているような状態です。

　限られた授業時間の中で，予定通りに授業を進めるには仕方がないと，思われているのかもしれません。

　一方，「学級全員が説明する活動」は，基本的に生徒が主役です。ですから，教師は完全に見る側に回ります。このポジションでの授業を経験されたことがない先生は，最初は何をしたらよいのかと戸惑われるかもしれません。

　しかし，真剣に取り組む生徒たちを見るのは，教師にとってとても素敵な時間です。観客席ではなく，教室全体を見渡せる場所に立ち，生徒のがんばりをたくさん見取り，堪能してください。

　生徒ががんばっているときはもちろん，うまくいかずに多少困っていても，笑顔でアイコンタクトを返し，時には言葉に出して，「いいぞ！」「そうそうきっとできる！」「がんばれ！」と応援するのです。そうしているうちに，教師の主な役割は，生徒を指導・コントロールすることよりも，生徒のよさを積極的に捉えて，全体に紹介すること

になっていきます。

　もちろん，気になる関わりをしているグループがあれば，最初は視線でメッセージを送り，それでも改善されないようなら近づいて様子を伺います。活動の目的を理解している生徒たちであれば，たいていはそれで何とかなります。それでも「これではダメだ」「形式的になっている」「機能していない」と思ったら，全体の進行を止めて，目的や方法を確認することも必要です。

　初任者のころ，保護者会で先輩教師が，「中学生ですから，親は手を離しても構いませんが，決して目を離さないでください」と語っていたことを思い出します。まさにそんな感じです。

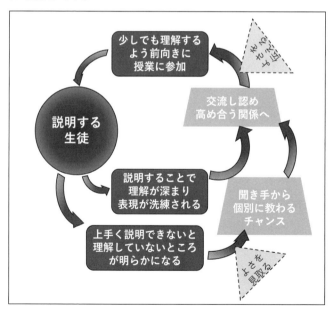

第1章　なぜ「学級全員が説明する授業」なのか　047

コラム

「学級全員が説明する授業」に取り組んでみて

「わからせたつもり」の授業に気づかされた

　教師や生徒が全体に向けて説明するシーンは、日常の授業の中でたくさんあると思います。しかし、その説明を全員が理解できているのかを確認することは、あまり行われていませんでした。

　しかし、「立ってペアで説明し合う活動」を行うようになって、なかなか座ることができないペアがいるのを目の当たりにし、これまでは「わからせたつもり」になっていたことに気づかされました。今では、「立ってペアで説明をし合う活動」をしないことを不安に思うようになっている自分がいます。

　全生徒の説明を把握できるわけではないので、活動は生徒に委ねることになります。中には、きちんと説明ができなくても座っているペアもあるように思います。しかし、日々の授業でこだわって説明し合う姿を称賛したり、生徒の「振り返り」でのペアやグループ活動のよさに触れた記述を紹介したりして全体で価値づけ、質の高い活動ができるようファシリテートしていきたいと考えています。

最後に，普段の授業の生徒の振り返りを紹介します。

「人に教えたら，自分がなんとなくでやっていたところもわかってよかった」「『説明し合うからわかった！』が多くなった。わからないことがあるとわかる人に聞けるからいい」「どうしてそうなるのかがいまいちピンとこなかったけど，他人の意見とか説明とか聞いていたら理解することができたのでよかった」

「立ってペアで説明し合う活動」を取り入れて，教師だけががんばるのではなく，生徒同士が関わりながら理解を深め合っていく。そんな授業にしてみませんか？

（埼玉県久喜市立久喜中学校　井上孝行）

生徒と学ぶ内容をつなぐのは，生徒自身の話す言葉だけ

昨年度から，教科書の内容の理解を促したうえで，学んだ内容を，生徒全員が立って班員に説明し，できた班から座って同じ問題，または類題を解く活動を継続して行っています。

講義形式の授業では，とかく生徒にインプットさせることに学習が偏りがちです。「発表しよう」と教師が言うだけでは，一部の生徒しかアウトプットすることができません。グループ学習を取り入れたとしても，得意な生徒や塾で習った生徒中心に話が進み，苦手な生徒は問題意識をも

たないまま、ただ聞いているだけで、ましてやアウトプットすることはできていないのが実情です。ですから、意図的に生徒全員がアウトプットする機会を設けることは、とても価値があると考えます。

以下は「学級全員が説明する活動」を行った授業での生徒の感想です。説明に参加したことのよさが伺えます。

・みんなが出した式を見て、「そういうことね」って、納得できるようになったからよかった。
・みんなのわかる知識を出し合って解けたことがよかったです。
・自分で考えられるようになったから、数学が楽しくなってきた。

苦手な生徒も話し合いに参加する姿が見られるようになってきたのは、全員がアウトプットする活動を繰り返し積み上げた成果であるのは間違いないと感じています。

この活動を通して、「生徒と学ぶ内容をつなぐのは、生徒自身の話す言葉しかない」とさえ思うようになりました。これまで当たり前と考えていた授業のアンチテーゼにこそ、主体的・対話的で深い学びが促されるような指導法があるのではないかと私は思うのです。その1つが「全員が立って説明し、座って書く活動」だと考えます。

今後も、生徒と一緒に言葉に向き合いながら楽しく取り組める活動を、継続して行っていこうと考えています。

(島根県松江市立第三中学校　柘植守)

本章では,「学級全員が説明する活動」を取り入れた授業の具体例として,
　1節では,通常の授業に取り入れた例
　2節では,教科書例題の学習に取り入れた例
　3節では,テスト返却時に取り入れた例
を,それぞれ紹介しています。
　多様な授業形態に親和性のある活動です。お読みいただくことで授業展開と生徒の様子をイメージし,ご自身の授業に取り入れていただきたいと思います。

第2章
「学級全員が説明する授業」の具体例

1 通常の授業に「学級全員が説明する活動」を取り入れる

　本節で取り上げる授業事例の多くは、特別工夫されたものではありません。通常の授業と唯一違うのは、全員に理解・納得させたい場面で、「学級全員が説明する活動」を取り入れていることです。

　この活動をどの場面で取り入れるのかは授業を進めるうえでとても重要ですが、本書で示す場面で必ず取り入れるべきということではありません。それは、目の前の生徒たちの理解度や必要感に応じて行うべきもので、生徒の実態を一番把握している先生ご自身が、その場で判断すべきものだからです。

　例えば、何人かの生徒が理解できていない感じがあって、それがこの授業のカギとなる内容なのであれば、場面や回数にこだわらず、積極的に取り入れることをおすすめします。

　気をつけたいのは、1人だけが説明して、残りの生徒は聞き役で終わるのではなく、「学級全員が説明する」を徹底するということです。

　教師は生徒のペアやグループの活動すべてを把握することはできませんが、真剣に全員が説明しているかどうかは

判断できるはずです。

　「学級全員が説明する活動」は，きちんと取り組んでいれば，必然的に個に応じたやりとり・対話となり，時間差が生じます。ですから，「時間差が生じることはよいことだ」とまずは教師が認識し，それが可能になるように，その後の展開は個人やグループの進度差に応じたものにしておきます。

　各グループの進行状態がある程度わかるように，終わったら黒板に○をつけるなどのルールを定めるという方法もあります。しかしそれによって，他より早く終わらせようという競争心を煽る，遅いことに劣等感を覚えさせる，"やったふり"にしてしまう，といったことがないように，「ある程度わかるように」にとどめておくことが大事です。

1年／正の数・負の数／3つ以上の数の乗法

生徒発表や教師解説の後に，学級全員が説明する活動

(1) 授業の概要

　2数の乗法計算の習得が終わった後の，3つ以上の数の乗法計算を習得する授業です。

　3つの数の乗法の符号が，なぜそのように決定されるのかを理解し，正しく判別できるようになることが第一の目標になります。そこで，まずは符号のみを予想する場を設けて，生徒たちの反応を確認します。指名した生徒に説明させたうえで，符号決定の理由の理解を「学級全員が説明する活動」で確認し合います。

　活動の初期段階なので，ここではあえて教師が解説を丁寧に行う，いわゆる普通の授業展開にしています。交換法則で効率のよい計算ができることや，式の書き方も確認したうえで，再び「学級全員が説明する活動」をペアで行い，計算全体について理解できたかどうかを確認し合います。

　できたら座って教科書の問い（類題）などを各自でノートに解き，グループで確認して習熟を図ります。

(2)授業展開

①ハンドサインで２数の乗法計算の復習

　２数の加法と乗法の計算練習を，ハンドサインを使ってペアで出題し合い，復習します。（第４章 p.166参照）

②問題提示

　本時の問題（教科書の例題）のみを提示します。

> 次の計算をしなさい。
> ㋐　$(-4)\times(+3)\times(-5)$　㋑　$(-18)\times\left(-\dfrac{7}{6}\right)\times(-2)$

③符号がどうなるかを学級全員が予想する

　次に，㋐と㋑の答えの符号がそれぞれどうなるのかを予想させ，挙手またはwebアンケートで確認します。

　㋐はプラス，㋑はマイナスと正しく予想する生徒が多いと思われますが，「異符号ならマイナス」「同符号ならプラス」だと思っている生徒もいます。その割合によって，④の解説でどこに重点を置くのかを判断します。

④符号がどうなるかを生徒が説明し，教師が補足する

　そのうえで，㋐の符号がプラスになる理由を説明できそうな生徒を指名して全体に解説させ，必要に応じて補足します。このときは，㋑の符号がマイナスになる理由は，全

体ではあえて説明しないままにしておきます。

⑤立って学級全員が説明し合う活動１

　⑦と⑦の符号がどうなるのかの理由についての「立って学級全員が説明し合う活動」をペアで行います。ペア活動に入る際には，次のように生徒に呼びかけて，活動の目的と方法を確認しておきます。

　「それでは，今のように答えの符号がどうなるのかの理由を，全員立ってペアで説明し合いましょう。どちらかが⑦の説明をしたら，もう１人が⑦の説明をして，必ず全員が説明するようにしてください。全員が理解し説明・納得できることがゴールです。『わかったふりをしない・させない』関わり合いができるようにしましょう」

⑥計算全般について教師が解説する

次の計算をしなさい。
⑦ $(-4)\times(+3)\times(-5)$ 　⑦ $(-18)\times\left(-\frac{7}{6}\right)\times(-2)$
　$=+(4\times3\times5)$ 　　　　$=-\left(18\times\frac{7}{6}\times2\right)$
　$=60$ 　　　　　　　　　　　$=-42$

　符号について説明・納得して全員が座ったところで，計算全般について教師が解説します。ここでは，途中式の書かれた教科書例題のページを，できれば電子黒板等で大きく表示し，必要なら書き加えて１行ずつ解説します。交換

法則や結合法則を利用するとよい場合があることや，約分などを含めた途中式の書き方まで確認します。

⑦立って学級全員が説明し合う活動２

　教師が解説した内容について，教科書例題を見ながらペアで「立って学級全員が説明し合う活動」を行い，確認します。

　教師が行ったように，行間を説明し，なぜその式になるのかを，可能な限り詳しくわかりやすく解説します。

　黒板には「わかったふりをしない・させない」と書き，「分数が苦手な人は，ここで徹底的に理解しよう」と呼びかけて意識の向上を図ります。「相手にわかりやすく説明できると，相手も自分もうれしいね」などのひと言が，生徒の心に火をつけることもあります。

⑧教科書の問い（類題）などの計算練習に取り組む

　説明できたペアから座って，教科書例題の次に書いてある問い（類題）を各自で解きます。正解の確認は４人グループで行い，全体ではあえて行いません。教師用指導書を教卓に広げておき，正解かどうかが不安であれば，それを生徒が自由に見て，確認させるようにします。

　できたらグループから，ワークブック（問題集）に取り組むように指示を出して，活動の時間差に対応します。

2年／連立方程式／連立方程式の利用

生徒発表を途中から予想し，学級全員が説明する活動

(1)授業の概要

　連立方程式を利用した文章題の第１時に当たります。
　条件が簡単な問題では，１年生で学習した一次方程式を利用しても求められる問題があり，二元一次の連立方程式と，一元一次の方程式の２つの求め方を取り上げます。指名した生徒に式のみを黒板に書かせて全体に紹介した後，どうしてこの式が立てられるのかについて，「学級全員が説明する活動」を取り入れて，全員の理解を図ります。

(2)授業展開

①問題提示

> １個100円のオレンジと１個140円のりんごを合わせて8個買ったところ，代金の合計が1000円になりました。それぞれ何個ずつ買ったでしょう。

　問題を提示し「１年生のときに学習した問題です。まず

は方程式だけを立ててください」と指示します。

②各自で方程式を立てる

　何を文字で表したのかを書くことも忘れないように注意を与え，各自で問題文から方程式のみ立てさせます。

③2種類の立式を取り上げ，全員で説明し合う

　机間指導しながら次のような方程式を立てた生徒を見つけて指名し，式のみを黒板に書かせます。

Aさん
オレンジを x 個，りんごを y 個買うとする。
$$\begin{cases} x + y = 8 \\ 100x + 140y = 1000 \end{cases}$$

Bさん
オレンジを x 個買うとする。

$100x + 140(8 - x) = 1000$

　ここで最も大事なことは，文章から等しい関係を見いだして，方程式で表せるようになることです。

　通常は，式を書いた生徒自身に，そのまま説明させると思いますが，いったん止め，「Aさんのように立式した人は？」「Bさんのように立式した人は？」と全体に尋ねて挙手させ，状況を確認します。立式できた生徒が7割程度いるなら，あえて全体での説明は行わず，「なぜこのように立式できるのか」について，「立って学級全員が説明し合う活動」をペアで行います。生徒同士で理解できそうな

内容であれば、思い切って生徒に委ねることが肝要です。

④2つの展開のメリット・デメリット
　2つの展開のメリット・デメリットをあげてみます。

立式できた生徒を指名して、全体に説明させる
○立式過程の説明を把握できるので、教師は安心できる。必要に応じて補足できる。
○説明した生徒は、達成感がある。
▲立式できた残りの生徒や、できなかった生徒は、説明する機会がなく、説明を聞くだけになる。
▲わからなくても、そのままになりやすい。

立式について、ペアで全員が説明し合う
◎全員に説明する機会がある。
○説明する必然性があるので、式の成り立ちを本気で読み取り、理解する機会になる。
○自分が考えた以外の式を説明するので、「わからない」を言いやすく、聞き合うことで理解が深まる。
○説明することで表現が磨かれ、要点がどこにあるのかを再認識でき、自身の理解も深まる。
○わからないであろう生徒の考え方や困り感、そこでのやりとりを、教師も把握するチャンスがある。
▲やりとりのすべてを、教師は把握できないので、間違ったやりとりが行われていても、そのままになる。

いかがでしょうか。生徒のやりとりに委ねる教師の不安は，もちろんあるのですが，それを上回るメリットがあると私は思うのです。正しい解説が教室に流れたからといって，生徒は理解しているわけではないのです。
　全体で解説しない分だけ，生徒同士で説明し合う時間を少しでも長く与えることができます。これにより，理解できない生徒のわからなさに手が届くやりとりが生まれ，結果として真に理解できることにつながります。

⑤ペアでの説明の後

　説明できたペアから座って，引き続きこの方程式を解いて，問題を解決します。時間差が生まれるので，問題を解けた生徒たちはどうするのかについても，黒板に指示を書いておきます。ここでは，教科書にある同様の問題を解くように指示を出しました。
　全員が座ったところで，生徒同士のやりとりを見ていて，必要と思われる解説をすることもあります。
　このときは，「2つの解法を説明して，気づいたことはある？」と問いかけてみました。1つ目の解法は，2つ目の解法を代入法で解いた場合と同じであることに気づいた生徒Cがいたからです。そして，これも気づいた生徒Cに最後まで言わせず途中で止め，「ここから先，Cさんが言いたいことを予想し，説明し合おう」とペアで説明し合う活動を入れて，理解を確かにしました。

2年／図形の性質の調べ方／くさび型四角形の角度

多様な解法がある問題で学級全員が説明する活動

(1)授業の概要

　定番のくさび型四角形の角度を求める問題を，既習の図形の性質を活用して解決します。通常の展開でも多くの生徒が活躍できる問題ですが，ここでは補助線の引き方のみを全体で共有し，そのうえで「学級全員が説明する活動」を取り入れて，求め方を発見できなかった生徒にも発見・説明する機会を与え，全員が活躍する授業にします。

(2)授業展開

①音声計算カードで教室の空気を温める

　まず，図形の性質の調べ方についての「音声計算カード」を，練習1分，ペアで交互に1分ずつ行います（詳細は第4章2節 p.174を参照ください）。

　「平行線上の錯角が等しい」などの基本的な定理を覚えて活用できなければ，補助線を加えたらどうなるかを発想することや，根拠をもって説明することはできません。

　これらの法則は，一度学習したからといって，だれもが

活用できるようになるものではありません。そこで、このようなトレーニングを繰り返し行う必要があります。

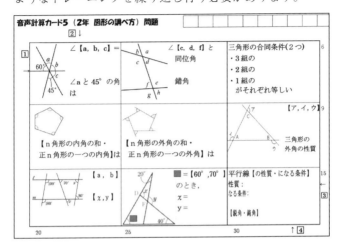

②以前の授業の振り返りにあった生徒の問いを紹介する

　数時間前の授業で、平行線内の∠Cの大きさを学習した際に、生徒から「2直線が平行でなかったらどうなるだろうか？」という問いが出されていました。そこで画面上の図で、直線 f を少しずつ動かしながら紹介します。

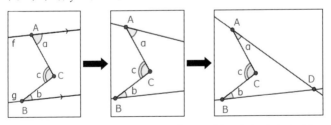

　平行のときには「$a + b = c$」の関係がありましたが、右端の図ではこの関係は成り立たないことが予想されます。

③課題を提示し，いろいろな補助線の引き方を考える

$a=24°$，$b=30°$，$c=96°$とするとき，∠Dの大きさをいろいろな方法で求めよう。

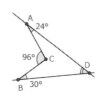

　図のように3つの角度を仮に定めて，∠Dの大きさをいろいろな方法で求める課題を提示し，問題の図が10個程度かかれたワークシートを配付します。

　「線を引いて考えてもいいですか？」という生徒の発言があったので，うなずきながら「できるだけいろいろな方法で求めてください。どんな補助線の引き方があるかを，まずは考えてください」と指示を出しました。

　別の求め方をしている生徒に，図を大きく印刷したＡ３判の紙とマーカーを配付し，補助線のみを引かせて黒板に掲示します。画面上で考えを提示する方法もよいでしょう。

　「他にはないかな？」と問いかけながら机間巡視して生徒の発想を観察していくと，「線を引かなくてもできます」といった意見や，「線を引く場所は違うけど，同じ発想だから，これは同じですよね」のように求め方を類型化して捉えている生徒の発言を認めることができました。

　2種類程度の補助線が出されたところで，「∠Dは何度になった？」と全体に問いかけ，∠D＝42°であることを確認しておきます。答えを確認しておくことで，自分の考

えが正しいことに安心することができますし，本時の目標「様々な方法で角の求め方を説明できること」を示すことになります。そうこうしているうちに，全部で8種類程度の考え方が出されたので，区別ができるように，図にア～クの記号をつけておきます。

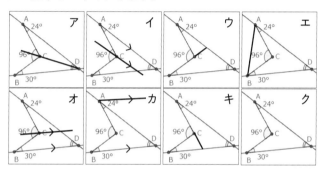

④いろいろな角の求め方をペアで説明し合う

補助線のみが出されたものを見ながら，全員立ってペアになって，1人あたり2種類の説明を，1つずつ交代して行います。「できれば2つのうち1つは，自分が考えつかなかったものを説明しよう」と指示を加えました。

途中でわからなければ，聞く側がサポートし，それも難しければ，他のペアに助けを求めてよいのですが，説明者が最後まで説明し切ること，説明されて聞いて終わりにしないことを確認します。

4人班で順に説明し合えば，間違えた説明のままになることは減りますが，時間の関係で1人1つ程度の説明で終わってしまいます。どちらにするのかは，そのときの学級

の実態に合わせて判断すればよいと思います。

　また，説明することを通して，根拠を理解することが大事なので，等しいものについては，根拠となる性質を用語を使って説明するよう強調しておきます（アは二等分線ではないので特に注意）。学習した定理をカード化したものがあれば，黒板に貼っておくのもよいでしょう。

　黒板にはいつもの，「わかったふりをしない・させない」と思いを込めて書き，活動をスタートさせます。

　生徒同士の説明の大半は聞き取ることができませんが，相手を意識しているか，一方的な説明になっていないかに注意を払って，生徒たちの活動を見守ります。

⑤説明が終わったら座ってワークシートに記入する

　説明が終わったペアから座って，最初に配付したワークシートを使って，8種類の角の求め方を書き込みます。

　自分が説明したものには◎，理由を書けたものには○の記号をつけて区別できるようにしておくとよいでしょう。求め方がわからないものや，わかったつもりでも，理由を書けないものもあることでしょう。ここでも自由にやりとりをさせ，1つでも多くの問題が確実に理解できることを目指します。

　忘れてはいけないのは，④の活動で，最後まで立ってやりとりしていたペアを称賛することです。遅いことは悪いことではありません。それだけ真剣に問題に向き合っていた証拠です。他を気にして座らずに，最後まで向き合って

いたことを「強さ」としてほめておくことが，この活動をさらに価値あるものに変えていきます。

　あわせて気をつけたいのは，全員が全部の求め方に答えられなくてもよいのだと教師が思うことです。数学が得意な生徒は，放っておいてもすべての問題に解答できることを目指すことでしょう。しかし，個人差がある中で，全員にそれを求めてしまうと，結果として苦手な生徒は「やったふり」の形式的な学びをすることになります。大切なのは数ではなく，たとえ1つであっても自分が納得できるかどうかなのです。ゴールは自分自身の中にあることを，折に触れて強調しておきます。

⑥正解をどう提示・確認するのか

　記述された内容の精度を上げたければ，席を立って，書いたものを自由に確認し，よければ互いにサインする活動を行うのもよいでしょう。

　多くの教室では，黒板にすべての答えを書いたり，用意しておいた解答プリントを配付したりして，生徒に正解を示しています。もちろんその方法がすべて悪いとは言いませんが，この方法ですべてを理解・納得できる生徒は，どのぐらいいるのでしょうか。また，苦手な生徒が1つでも確実に理解できる方法になっているでしょうか。苦手な生徒に形式的な学びを強いていないかを意識して，当たり前に行っている指導を再考すべきだと考えます。

2年／三角形と四角形／2つの正三角形

口頭による証明で，学級全員が説明する活動

(1)授業の概要

　学習指導要領の解説（数学編）では，図形の論証指導について，「自分が納得できるとともに他人に説得できるようになると実感できるようにすることが重要である」(p.47)と指摘されています。これに関わって全国学力・学習状況調査（以下，全国学調）の令和6年度では，9(1)に「筋道を立てて考え，事柄が成り立つ理由を説明することができるかどうかをみる」ことをねらった問題があり，その正答率は26.5%でした。ここには「考えを筋道立てて記述する力」（以下，「記述による証明」）に課題があると考えられます。そこで，「記述による証明」の前提となる「口頭による証明」に着目してみました。本実践では，全国学調の題材を扱い，言葉を媒介として説明したり証明したりする活動を重視する授業を構想しました。特に「口頭による証明」を進める場面に「全員が説明し合う活動」を位置づけ，全員の理解の深まりを促したうえで，「記述による証明」を進めるようにしました。その結果，数学が苦手な生徒も最後まで考え続ける姿が見られました。

(2)授業展開

①解決すべき問題を見いだす

導入では,右図の「線分 AB 上に1点 C を取り,AC,CB を1辺とする正三角形△PAC と△QCB をつくり,A と Q,

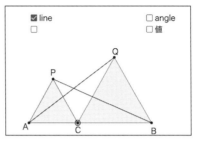

B と P を結ぶ」について,ICT を用いて生徒が解決すべき問題を見いだす活動を位置づけました。この場面で「点 C を動かしても等しい辺や角はあるかな?」と問いかけると,「AQ = BP が等しくなりそう」と,次のような問題が見いだされました。

> 線分 AB 上のどこに点 C をとっても AQ = BP と言えるだろうか。

②証明の方針を立てる

生徒とのやりとりを通して,問題に対する解決(証明)の方針を立てていきます。

T　AQ = BP を示すためにはどうしたらよいかな?
S1　合同を示せばよいと思います。

S2 　2つの三角形の合同を証明したら示せます。

T 　どの2つの三角形に着目したらよいですか？

S 　△ACQと…（つぶやき始める）

T 　では，学習プリントに点線の図があります。そこに2つの三角形をなぞってみましょう。

　2つの三角形をかき込んだプリントを周囲の生徒と見せ合う活動に取り組んだ後，ホワイトボードに2つの三角形を色別にかきます。

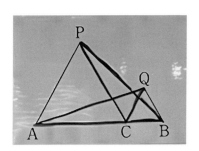

T 　どうしてこの2つの三角形に着目したのかな？

S1 　だって証明したいAQとPBを含んでいるから。

S2 　それに等しい辺があるから。

S3 　等しい辺は正三角形の1辺です。

T 　2つの三角形の合同条件が見えてきていますか？

S4 　はい，2組の辺とその間の角です！

T 　では，証明を進めるための命題を確認しましょう。

命題　△PACと△QCBが正三角形ならばAQ＝BPである。

③「口頭による証明」に全員が取り組む

命題の仮定と結論を確認した後に、3～4人の小グループで学習プリントの図を使って、この証明の進め方について検討しました。5分程度の話し合いの後に、生徒の取組の状況を把握し、ある程度証明を進められて

いる生徒を指名して、全体の前で説明させました。

この場面では、重なっている2つの三角形を別々にかいた図を用いることや、丸いマグネットを用いることで、全員が理解しやすいように配慮しました（上写真参照）。

数名の生徒が全体の前で説明した後に、理解度を挙手によって把握すると、全員が挙手することができていました。この場面で、「全員理解できたようですが、きちんと説明できるとは限りません。ペアで説明し合ってみましょう」と投げかけました。すると、数学が苦手な生徒だけでなく、表現することが苦手な生徒も含め、全員が自信をもって説明し合っていました。また、この場面では、ホワイトボードにある図を指さしながら、積極的に説明する姿

第2章 「学級全員が説明する授業」の具体例　071

も見られました（前ページ下の写真）。

④「口頭による証明」と「記述による証明」をつなぐ

「学級全員が説明し合う活動」にペアで取り組んだ後，「記述による証明」を考える活動を位置づけました。この場面では，すぐに記述させずに全員で証明を練り上げながら完成させていきます。くじ引きでランダムに指名し，「マグネットのどの色の部分を答えますか？」と問いかけます。指名された生徒は，記述したい部分にあるマグネットの色を指定して，AC = PC という式を発表します。ホワイトボードに記述した式にも図と同じ色のマグネットを貼りつけ，図と式とを関連づけていきます。このような活動により「口頭による証明」と「記述による証明」をつなぐことができると考えています。

同じ要領で角が等しいことを「∠ACQ = ∠PCB になると思います」との考えが出されました。これに対して，多くの生徒から「それだけだとだめだと思う」「いきなりその式は言えない」など

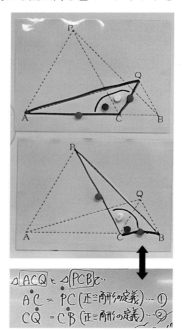

のつぶやきがあちこちから聞こえました。ところが，数人の生徒から「説明できます！」との声が上がり，∠ACQと∠PCBの角が同色のマグネット2種類で構成されていることを，マグネットを用いた式で表現しました。すると，「このマグネットの式は∠ACQ = ∠ACP + ∠PCQ，∠PCB = ∠BCQ + ∠PCQと表せます」と別の生徒が説明し，全員が納得している様子が見られました。このように，「口頭による証明」と「記述による証明」を行き来しながら説明され，証明が完成しました。

授業後に数名の生徒にインタビューをしました。その中で「学級全員が説明する活動」について聞くと，「AさんとBさんの説明を聞いて理解できたけど，ペアのとき意外にうまく説明できませんでした。でもその活動のおかげで完璧に理解できました」「証明を書くためには，言葉で説明することが大切で，説明したことをそのまま式にすればよいことがわかりました」など，この活動に対する好意的な感想が出されました。

（北海道教育大学附属旭川中学校　菅原大）

3年／二次方程式／二次方程式の解

核心を突く生徒発表の後に，学級全員が説明する活動

(1)授業の概要

前時（単元の導入）では「アル＝フワーリズミーへの挑戦」と題し，9世紀頃の本に書かれている「ある数の2乗とその数の10倍との和が39に等しい。ある数はいくらか？」を扱い，方程式や面積図などの多様な方法で解決しました（下は前時の板書）。

本時は前時の生徒の振り返りにあった「解は2つだけなのか？」という素朴で本質的な問いを取り上げ，前時の問題を使ってじっくり考えました。解が2つあることも，ここでの生徒にとっては驚きのある事象です。方程式の x にいろいろな値を代入して，値が39になるのは2回しかない理由を生徒の発言から明らかにします。その後，「全員

が説明し合う活動」で発言の理解を確かにします。

(2)授業展開

①前時の振り返りの紹介

　冒頭で，前時の振り返りを紹介します。数学的に優れた考察や問いを取り上げるのはもちろんのこと，ペアやグループ活動でよかったことの記述も取り上げます。例えば「人に教えたら，自分がなんとなくでやっているところもわかってよかった」「班の人が書きながら教えてくれるのが，めっちゃわかりやすい」といった記述です。こうした生徒の生の声を紹介し，ペアやグループ活動の価値やどのように説明したり関わったりするとよいのかを学級全体で共有します。地味に思われるかもしれませんが，協働的に学び合う風土を育てるためにはとても大切な時間です。

授業タイトル	理解，分かったこと（○○は△△ということが分かった）	授業の感想（ペア・グループでよかったこと，次はどんなことをする？，新たな問いは？）	画像提供:先生から
アル＝フワリズミへの挑戦	$x^2+10x=39$のとき，xは－13と3の2種類の解があることが分かった。	$x+10x=39$に$x=-13$を代入しても39になった。一つの解を見つけても，違う解があるかもしれないことを意識して問題を解きたいと思った。	1次方程式では解が1つ，2次方程式では解が2つ…なら3次方程式は？
アル＝フワリズミ	3 二次方程式は様々な方法で解ける	グループで話し合ったとき，自分と違う意見などもあったので，新たな発見ができました。グループの人に教えようとすると上手く言葉で表せなかったりしましたが，自分で説明すると，自分も理解が深まるなと思いました。	どんな発見があったかな？うまく言葉で表せなかったとしても，表そうとすることが大切なのかもしれません。
アル＝フワリズミへの挑戦	○を含む式は二次方程式ということが分かった。	面積図で考えるときに，④で，$64\div8$と考えることに感動しました。今までわざわざな正方形にするのか，少し戸惑っていましたが，根気までたどり着いて考えてみると，なるほど！と思いました。今より1000年以上前にこれを考えたアル=フワリズミはすごいなと思いました。	正方形に着目しようとしたアル=フワリズミは偉大ですね。先生もあまり詳しくは知らないのですが，かなり偉大な功績を残した人らしいです。https://www.youtube.com/watch?v=mWdRhhmaNEQ

　筆者は生徒の振り返りを上のようにGoogle Formsに入力させます。リンクしたスプレッドシートを電子黒板に提示し，紹介したいものを簡単に共有できるからです。本時は，ペアやグループ活動に関する内容を紹介した後で，二次方程式の解の個数に言及している問いを紹介しました。

②**課題提示し，解決方法を考える**

生徒の問いを生かし，本時の課題を提示します。

> 二次方程式 $x^2+10x=39$ の解は，2つだけなのだろうか？

まずは各自で考えます。次に，他に解がないかどうか確かめるには，方程式の左辺にいろいろな値を代入すればよいという方針を確認します。たくさんの値を代入することになるため，表で整理することを促しました。

③**4人班で表を作成する**

この方程式の解は $x=3$ と $x=-13$ なので，その前後の数を含めると，かなり横長な表をつくる必要があります。表の埋め方を理解していない生徒もいるので，全員立たせてペアにして，例として一方の生徒に $x=1$ の計算の説明を，もう一方の生徒に $x=2$ の説明をするように指示して確認し，そのうえで表の残りを埋めさせるのもよいでしょう。他の授業においても，説明するものを2種類投げかけておくと，ペアの両方が説明する必然性や責任感が生

まれ，活動への本気度が増します。表は，$x=5$ から $x=-14$ まで行うように指示し，できた表は4人班で確認して，正しい表を完成させました。

④核心部分を「学級全員が説明する活動」で確認する

　そのうえで，解が2つだけである理由を全体で考えました。このとき「$x=-5$ を軸として，左右対称に y の値が増加しているので，x^2+10x の値が39になるのは2回しかない」と核心を突く発言をする生徒が出ました。そこで全体に「今の○○君の考えを説明できそう？」と問いかけ，全体の反応を確認した後，「今○○君が言ったことを，立ってペアで説明し合おう」と呼びかけて，活動を行いました。「説明できそう？」と問いかけたとき，表情が芳しくない生徒が多い場合，ペアでの説明は困難です。そんなときは発言者や別の生徒を指名して，もう一度説明してもらいましょう。説明し合う活動を行う前に生徒の表情や反応をよく観察しておくことも，教師の大切な役割です。

⑤教科書例題を説明し合う活動で定着を図る

　筆者の学校で使用する教科書では，x^2 のみを含む二次方程式が先に取り上げられていたため，その後は教科書の例題を読んで，4人班で立って説明し合い，問題を解く活動を行って，二次方程式を解く技能の定着を図りました（この活動の詳細は，次節をご覧ください）。

（埼玉県久喜市立久喜中学校　井上孝行）

2 教科書例題の学習に「学級全員が説明する活動」を取り入れる

　「学級全員が説明し合う活動」が自然に行えるようになってきたら、ぜひ挑戦してほしい活動があります。それが本節で紹介する、教科書例題を各自が読み取り、立って学級全員が説明する活動です。

　多くの授業では、教師が出した問題を生徒が考えるところからスタートしますが、それですぐに考えられる生徒ばかりではありません。考えているように見える生徒も、実は知っているだけの生徒かもしれません。そして、問題解決の最後は、多くの場合教師の解説でしょう。ここまでを思い切って省いてしまうのです。

　教科書の例題は基本的な内容で、解法が丁寧に記述されています。これを各自で読み取り、班の中で順に全員が説明します。これなら、苦手な生徒も含めたクラス全員が出力することが可能なはずです。教科書を丁寧に読んでいくと、欄外には吹き出しや必要な図解などが示されていて、教師が押さえたいことの大半は書かれているので、説明しなくても大丈夫なはずです。

　だれでも簡単にできることと思いがちですが、文章の読み取りを苦手とする生徒は案外多く、適度な難易度があります。生徒は説明することを念頭に置いて自力で読み取る

ことになるので、読み取りも真剣になります。読み取って説明できるようになると、他の生徒が発言した内容を再度説明するよりも達成感があるようです。

　一方、教科書に書かれていることを理解したつもりでいても、実は誤解している生徒もいます。これは、説明させてみないとわからないことです。理解していない生徒の説明は筋が通っていないので、わかっている生徒が聞くと、わかっていないことが伝わります。そこで、聞く側に質問や指摘することを奨励し、全員の理解を目指します。

　これまでと同様、説明するときは全員が立ち、終わったら座るようにします。できた生徒からノートに再度解いたり、教科書の例題に続く類題を解いたりするメニューを指示しておきます。

　問題の読み取りが苦手な生徒を、先生方も多く見てきていることでしょう。特に文章題では、教師が問題の意味を丁寧に解説しがちです。問題文を理解できる生徒が増えるのでよい指導のように思えますが、その指導は結果として、教科書程度の文章さえ読み取れない（読み取ろうとしない）生徒を育てているかもしれません。

　思い切って、教科書例題を各自で読み取り、立って学級全員が説明し合う活動に挑戦してみてください。コロンブスの卵のような不思議な納得感を、生徒も教師も体感すること間違いなしです。

1年／一次方程式／一次方程式の解き方

教科書例題を読み取り，学級全員が説明する活動

(1)授業の概要

　移項を学んだ後の，簡単な一次方程式の解法を習得する場面です。多くの場合は，教師が例題の解き方を詳しく説明して，その後は各自で練習問題に取り組むことと思います。もちろん，それでも方程式を解くことはできるのかもしれませんが，操作の手順を形式的に覚えていても，何をしているのかを理解してない生徒は意外に多いように思います。

　そこで，教科書例題を各自が読解し，学級全員が説明し合う活動で確認する学習を行います。説明が終わった班から座って教科書の類題を各自で解き，班で確認します。

(2)授業展開

①移項についてペアで確認する

　前時の授業では，「移項の意味」と「移項してもよいわけ」を学びました。まずはこの意味をペアで全員が説明して確認するように，次のように指示を出します。

「前回は，『移項』について学びましたね。覚えているかな？　それでは，全員立って隣同士で移項の意味と移項できるわけを説明します。説明に必要なら，教科書や前回のノートを使っても構いません。
　まずは各自で，1分間確認してください」
　1分の間に，教師は黒板に以下のことを書きます。

・**方程式は，何を求めているのか。**
・**移項とは何か，なぜ移項できるのか。**
　　全員が本気になって考え，説明しよう！

　1分を告げるタイマーが鳴ったら，黒板を指して説明することを確認し，全員が立って活動を始めます。
　生徒たちは，それぞれ説明を始めます。
　「方程式は，等式を成り立たせる x の値を求めます」
　「本当はこの項が動いているのではなくて…」
　「右辺のこの項を消去するために，両辺に同じ符号が反対の項を加えて…」
　机間巡視の中で上のような言葉が確認できたら，「本当は何をしているのか説明できているね」と少し大きめの声で認める言葉をかけていきます。
　取り組む姿勢によさを見つけたら，その場で「教科書のどこを説明しているのか，指さしているとわかりやすいね」「相手にも見やすいようにノートを置いているのがいいね」と説明方法のよさを認め，まわりの生徒にも聞こえ

第2章　「学級全員が説明する授業」の具体例　081

るように，少し大きめの声で伝えます。

　ぜひとも見習ってほしい説明や説明方法があれば，全員が座ったところで全体に紹介します。

②「移項」を利用した簡単な方程式の解法を読み込む

　次に本時のメイン課題である，「移項」を利用した方程式の解法の説明に入ります。下のような教科書例題で，なぜそうなるのかを1行ずつ説明していくことを伝え，教科書の読み込みに入ります。

例1　(1)　$2x - 6 = 4$　　　(2)　$4x = x - 12$

　　　　　　　移項　　　　　　　　　　　　移項

　　　　　$2x = 4 + 6$　　　　　$4x - x = -12$

　　　　　$2x = 10$　　　　　　　$3x = -12$

　　　　　　$x = 5$　　　　　　　　$x = -4$

　自分が説明するので，どの生徒も真剣に読み込みます。その間に教師は，いつものように「わかったふりをしない・させない」「『なぜ？』『どうして？』は本気だから出る言葉」などの言葉を黒板に書いておきます。

③「移項」を利用した方程式の解法を説明する

　説明できそうな空気になった班から，立って説明する活動に入ります。問題が(1)と(2)の2つあるので，4人で分担して，1問を2人が説明するようにします。

教科書の説明をする際、できれば1冊の教科書を中央に置き、それを指さしながら説明すると、相手との距離が近づき、相手を意識した説明・反応が生まれやすくなります。

　やりとりの中で、「どうして？」「わからない」といった言葉が聞こえたときには、「『わからない』が言えるのはいいねぇ。本気だからその言葉が出るんだよね」と称賛します。個々のわからなさを表出させ、解決することが、この活動の目的です。それに近づく本音の発言を聞いたら、間髪を入れずに認めることを心がけます。

　全員が説明できた班から座って、教科書の類題を解きます。ここでの指示は、下のように黒板に書いておきます（実際には、内容ごとにチョークの色を変えます）。

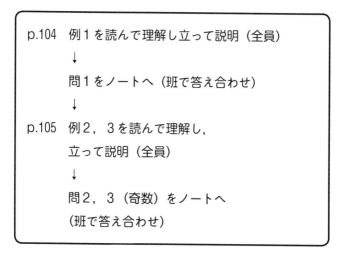

p.104　例1を読んで理解し立って説明（全員）
　　　↓
　　　問1をノートへ（班で答え合わせ）
　　　↓
p.105　例2, 3を読んで理解し、
　　　立って説明（全員）
　　　↓
　　　問2, 3（奇数）をノートへ
　　　（班で答え合わせ）

　答え合わせも各班で行い、全体では行いません。教卓に教師用指導書を広げておき、正解かどうか心配であれば自

由に見られるようにします。大事なことは，本当に理解できるかどうかだからです。正解を示して個人で答え合わせをさせると，よくわからなくても，正解を写して終わりになりがちです。答えの確認も班に委ねると，わからないことを聞けたり，わかったつもりで勘違いしていることが明らかになったりする利点があります。活動の意図やよさを生徒たちが理解し始めると，効果は一気に上がります。

④一般的な方程式の解法の読み込み

③の活動が終了した班から，一般的な方程式の例2と，カッコのついた方程式の例3を読み込みます。

例2　$7x - 9 = -1 + 5x$ を解きなさい。

それぞれ移項して，

$7x - 5x = -1 + 9$

$2x = 8$

$x = 4$

どうしたら
$\Box x = \bigcirc$ の形に
なるかな？

例3　$4(x + 1) - x = 19$ を解きなさい。

$4x + 4 - x = 19$

$4x - x = 19 - 4$

$3x = 15$

$x = 5$

分配法則で
かっこを
外して…

これまでの習慣もあり，教師としては解説したくなるのですが，移項や分配法則などは，すでに学んでいる内容ですから，この程度は各自の読解と生徒同士のやりとりに委ねても理解できるはずです。責任をもたせることが，本気の学びを生みます。

　教科書を隅々まで読んでいくと，吹き出しや欄外の四角などには，理解しておきたい要点が必ず書かれています。ですから，それを読んで意味を理解できればよいのです。生徒によって理解できないことは違うので，全体で説明するよりも，班でのやりとりに時間を割く方が意味があると私は考えます。

⑤一般的な方程式の解法を立って全員が説明

　③と同様に，立って学級全員が1行1行の式の変化を詳しく説明していきます。その際には，「…を移項して」「両辺を同じ数で…して」「分配法則で」などの数学で使う用語を活用するように呼びかけ，抜けているようならまわりの生徒に質問するように注意喚起します。

　全員ができたら座って教科書の類題を解きます。教科書に問2が6題，問3が4題ある場合，すべてを解かず，問2の(1)(3)(5)，問3の(1)(3)のように，奇数番号のみをまずは解くようにします。もちろん，できたら偶数番号を解くようにするのですが，こうすることで，説明に時間がかかって遅れている班も類題を解いて本時の学習内容を確認できます。

2年／データの分布や比較／箱ひげ図の意味

教科書の説明を読み取り，学級全員が説明する活動

(1)授業の概要

　教科書の章のはじめに例題はほとんどなく，定義や説明が主になっている単元があります。このような部分の学習は，通常は教師がわかりやすく解説しながら進めていることでしょう。これまでの経験から「説明しなければ生徒はわからない」と思いがちですが，本当にそうでしょうか。

　教科書を読むことに慣れてくると，このような部分も生徒が教科書を読み取って学級全員が説明する活動を行い，理解を確かにすることができます。

　ここで紹介するのは，箱ひげ図の意味理解を図る授業です。特に四分位数は，資料の総数が奇数個か偶数個かによって求め方が違うなど込み入っているので，教師が丁寧に説明しても，理解できない生徒がいます。そこで，逆に生徒に委ねてしまうのです。

　誤解したまま説明すると，誤解していることにまわりが気づく可能性があります。少人数の生徒同士の活動ですから，わからなければ互いに繰り返し聞いて確認することもできます。

(2)授業展開

①箱ひげ図の概略を教師が説明する

　教科書の箱ひげ図や元のデータを指しながら,次のような説明と指示を出します。

　「データの散らばり具合を表すものとして,1年生では度数分布表やヒストグラムを学びました。この章では『箱ひげ図』というものを学びます。図の"箱"の部分と"ひげ(髭)"の部分で,このデータの散らばり具合を表すのです。ちなみに最大値は"ひげ"の右端,最小値は"ひげ"の左端で表しています」

　「それでは"箱ひげ図"の意味,第1四分位数,第2四分位数,第3四分位数,四分位範囲,範囲の5つの用語の意味と,それは箱ひげ図のどこで表している数値なのかを,教科書を読んで理解し,立って,分担して全員が説明しましょう」

　「全員が説明・納得できたら座ります。今度は,資料の数が奇数・偶数のときの四分位数の求め方を,教科書を読んで理解し,立って分担して全員が説明しよう」

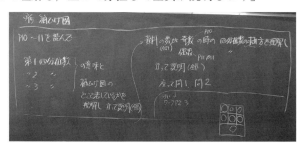

②教科書を丁寧に読んで理解する

　教科書を丁寧に読むと，大事なところは太字にしたり，色をつけていたり，図や吹き出しを使ったりと，理解しやすいような配慮がなされています。中学生向けの教科書ですから，本来，中学生が読み取りやすいようにつくられているはずなのです。

　また，今回のような用語の説明では，2つの方法で説明するように指導します。1つは用語の意味（定義）を説明すること，もう1つは用語が表していることの具体例を示すことです。この2つで説明できれば，書いてあることを読んで暗記するだけでなく，確かに理解することにつながると思われます（この方法は，おそらく先生方が通常行っている説明の仕方だろうと思います）。

　また，範囲と四分位範囲のように似ている用語があれば，あわせて説明させるようにすると，それぞれの用語の意味を区別し，より正しく認識・理解できるようになります。

③立って，班内で全員が説明し合う

　各自での教科書の読み取りがだいたいできたところで，班内での説明に入ります。説明する用語を複数提示しているので，全員が別の用語を説明できます。

　ここで意識すべきは，活動の意図，すなわち，「わからない」「もう一度言って」といった反応や，「それは…」といったやりとりを気軽かつ確実に行うために班で行っているということを，生徒が理解することです。一方的に説明

するのではなく，対話が生まれるように，教科書を相手に見せ，指やペンで指し示しながら説明している姿や，聞く側が質問し，それに答えて説明する姿など，よい関わり方を見つけたら積極的に称揚していくと，そのよさが他の班にも伝播します。

説明する順番を各班に任せると，得意な生徒から説明することになるでしょう。導入時はそれでもよいと思いますが，慣れてきたら，班の中での説明する順番を変えてみようと提案すると，それもよい刺激になります。

④座って教科書の類題を解き，班で確認し合う

班の全員が説明して理解・納得できたら，座って例題に続く教科書の類題を各自で解きます。例題を説明し合うことを通して本当に理解できていたのなら，類題を自力で解けるはずですが，残念ながらそうとは限りません。説明できたようでいても，実は誤解している生徒もいます。そこで，これまで同様に，答え合わせや確認も班に委ねます。

3年／二次方程式／二次方程式の解法

教科書例題を読み取り，学級全員が説明する活動

(1)授業の概要

　教科書例題を読んで，全員が説明することを通して，二次方程式を解く際に，各ステップ間で行っている計算手順や意味を確かにします。

　また，前時の学習で生まれた生徒の素朴な問いを本時の冒頭で取り上げて，確かな理解とともに生徒の知的好奇心を刺激し，学習を主体的に進める姿勢や創造的に発想する機会とすることも意図しました。

(2)授業展開

①前時の振り返りに記述された生徒の問いを紹介する

　前時は，「$3x^2=5$」や「$2x^2-10=0$」のような方程式を解く学習をしました。初歩的な内容であっても，柔軟な発想の生徒からは様々な問いが生まれます。これを積極的に取り上げ，主体的な学びの姿勢を称揚します。

T　　〇〇さんの振り返りには「$x^2+18=0$は解ける？」

と書いてあったけど，みんなはどう思う？
S1　前回同様に移項して平方根を求めれば，できるんじゃないかな。
S2　マイナスになるから…，解けない気がします。
T　○○さんの問題，どこが疑問点なのかを，全員立って説明してみよう。

　どこが疑問点なのか以前に，そもそも解法を理解していない生徒もいます。そこで立って隣同士のペアで説明し合い，説明できたペアから座る活動を取り入れます。

　－18の平方根は存在しないことに気づかせたいのですが，移項することや，（今回は使いませんが）18の平方根はどうなるかなど，生徒によって気になることが違います。ペアでの活動ですから，そのような何気ない疑問も，気軽に聞き合い確認することができます。

　全員が座ったところで次に進みます。だれか1人が説明し，残りの生徒はノートを取るだけの，一方通行の学習では味わえない世界がそこにはあります。

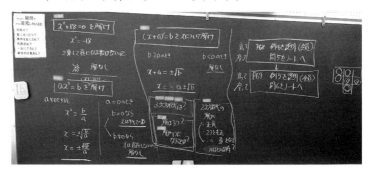

第2章 「学級全員が説明する授業」の具体例　091

このクラスでは、他にも「一般的に$ax^2=b$を解くとどうなる？」「二次方程式の解が2つとも正や、2つとも負になるのはどんなとき？」「三次方程式の解は3つある？」といったユニークな問いが出されていたので、それらを紹介し、生徒の知的好奇心を刺激しました。

②教科書例題を、立って班内で全員が説明し合う

　次に本時に習得させたい教科書の例題を読み、立って、班の中で全員が説明し合います。

【例題】　$(x-5)^2=3$ を解きなさい。

$(x-5)^2=3$
$x-5=\pm\sqrt{3}$ ← 平方根を求める
$x=5\pm\sqrt{3}$

$(x-5)^2=3$
↓
$M^2=3$
と置き換えてもよい！

　このような教科書の例題は、通常は教師が説明し、その後、生徒に問題を解かせることと思います。しかし、教師がどんなに巧みに解説したとしても、多くの生徒の学力は伸びません。なぜなら、わかっている生徒にとっては単なる確認に過ぎませんし、わからない生徒にとっては全体に向けての説明だけではなかなか理解できないからです。教師の解説で理解できた生徒がいたとしても、それを続けると、解説されなければ理解しようとしない生徒にしてしま

う恐れもあります。また，問題や解説を自力で読み取る経験をさせていないので，自力では文を読み取れない生徒になってしまうかもしれません。

　そこで，思い切って教師による解説をやめ，解法や解答まで書いてある教科書例題を読んで全員に説明させ，その結果を班活動に委ねます。説明することを通して理解の程度を明らかにします。その過程で吹き出しの解説などにも目が向けられます。正しくない説明がされると，「そうじゃなくて…」という関わりも自然に生まれ，それにより，教科書を読み取る姿勢や力も育ちます。学級全員が説明する活動には適度な難易度があり，繰り返すことで活動の価値を生徒自身が理解していきます。

> よくわかっていない人に，「わかった？」という聞き方はよくない。説明できる？という主旨にしたい。

③座って教科書の問題を解き，班で確認する

　できた班から座って教科書の類題を解きます。教師は基本的には最後まで正解を示さず，生徒同士のやりとりに委ねます。

次の二次方程式を解きなさい。
(1) $(x+3)^2 = 7$
(2) $(x-6)^2 - 5 = 0$
(3) $(x+4)^2 - 12 = 0$
(4) $(2x+1)^2 = 9$

班内の意見が食い違う場面こそ、最大の学びの機会です。正解が示されていると、正解

> 常にノートを見ていることで
> 相手のまちがいがわかる。
> 符号1つ見落とさない。

している生徒はそこで考えることをやめてしまいがちです。教師が正解を示さずにいることで、何が正しいのかを生徒同士のやりとりで明らかにさせたいのです。そこでの緊張感や集中力が、根拠に基づいて考えることや、丁寧に計算する習慣を培うことにつながります。

　心配な生徒のために、教卓に教師用指導書を開いて置き、自由に正解を見られるようにしておきます。班だけで

は解決・納得できないときは、まわりの班や教師に助けを求めるようにします。いずれにしても「全員が説明し、納得することがゴール」ということを強調しておきます。

　類題の問題数が多い場合、ここでもすべての問題を解かせようとせず、まずは奇数番号のみを解くようにして、すべてが終わった班は、そこまでの偶数番号を解くメニューを示します。これにより、進度が遅い班があっても、本時に習得させたい問題をひと通り学習することができます。

　各メニューを班の全員が達成したら、黒板に○印を記入させ、進行状況を把握しやすいようにしておきます。できた班から指定した次のメニューに取りかかります。

④本時の振り返りを書く

　最後に、本時の学びを振り返り、わかったことや新たな問いを振り返りシートに書き、それを次時に生かします。生徒に委ねる時間が多い分だけ、振り返りシートへの記述で生徒の理解度や意識を丁寧に把握する必要があります。また、次につながる問いをもつ機会を常設することは、生徒の学びを主体的で、より深いものにしていくと感じています。

⑤単元のその後の時間も同様に展開する

　この単元では、その後も同様の展開で授業を行いました。理解が難しく形式的に覚えさせることに終始しがちな「解の公式」を導く場面でも、教科書の解説を読み取り、学級全員が説明する活動を通して、白熱した時間を過ごし、納得のうえで公式として掲げることができました。

3年／関数 $y = ax^2$ ／複合問題

記述を読み解く指導を入れた，学級全員が説明する活動

(1)授業の概要

問題文や解法を読み取れないことでつまずく生徒は多いと思われます。原因として考えられることをあげてみます。
・問題の意味が理解できない。
・何を求めているのかわからない。
・なぜそのようにできるのか（意味・根拠）わからない。
・なぜそのようにするのか（必要性）わからない。

意味・根拠や必要性の2つについては，全体的にわからない生徒もいれば，式と式との行間でわからなくなっている生徒もいます。これらを丁寧に区別・認識できないので，結果として「全部わからない」と言ってあきらめてしまう生徒も少なくありません。

そこで私は，教科書例題を読んで学級全員が説明する活動の前に「記述を読み解く指導」を行い，生徒の読み取りでの"わからなさ"を表出させるようにしています。

また，「学級全員が説明する活動」は，別の方法で取り組んだ他の班の生徒に説明することで，説明する必然性をつくり，形式的な説明にならないようにしました。

(2)授業展開

①問題提示と指名生徒による音読を行う

　以下のような教科書例題を示し，Ａ３判用紙に拡大コピーしたものを全員に配付します。そのうえで生徒を指名して，例題の問題文と解答を音読させます。この後，各自が読み取れない部分を確認する「記述を読み解く指導」を行うことになっているので，音読を聞く側の生徒も，例題に真剣に目を通しながら聞いています。

　関数 $y = ax^2$ と $y = x + 2$ のグラフは，点Ａ，Ｂで図のように交わっています。点Ａ，Ｂの x 座標をそれぞれ－１と２とするとき，a の値を求めなさい。

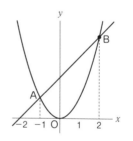

解答

$y = x + 2$ に点Ａの x 座標（－１）を代入する。

　$y = -1 + 2$
　　$= 1$

よって点Ａの座標は（－１，１）である。
この値を $y = ax^2$ 代入すると，

$$1 = a \times (-1)^2$$
$$a = 1$$

　　　　　　　　　　　　　　　答　$\underline{a = 1}$

第２章　「学級全員が説明する授業」の具体例

②「記述を読み解く指導」を各班で行う

その際，書かれている問題文や解法で，読み取れない場所があれば，わからない場所には線を引き，文や式のつながりがわからない場所には矢印を書き込むというルールで，各自プリントに表出させます。このようにして各自が表出したものを，班や全体でのやりとりを通して理解させていくのが「記述を読み解く指導」です。

③全員が解説できるように班内で確認し合う

次に，この例題の理解と説明を，次のア，イの2種類の方法を選んで行います。
ア　行間を含めて，解法を詳しく解説する
イ　問題全体を把握し，解法を解説する

ア，イのどちらで挑戦するのかを班で決めて黒板に示したうえで，配付したホワイトボードとマーカー類を使って記入しながら，各班で例題の理解を進めます。

説明が"読み上げるだけ"にならないようにするため，以下の3つを意識して解説するように指示しました。

・何をしているのか
・なぜそのようにできるのか（意味・根拠）
・なぜそのようにするのか（必要性）
（内田勇貴先生（島根県立松江南高等学校）発案）

この後，全員が説明することになっているので，わから

なければ聞き合って確認し，用紙や教科書に説明すべき内容を書き加えるなど，真剣に取り組みました。

班での確認が終わったら，説明内容を書いたホワイトボードやＡ３プリントを黒板に掲示します。

時間差が生まれるので，早く終わった班には，指定した教科書の類題を解くように指示を出しました。

④２種類の説明の概要を教師が説明する

全班のホワイトボードがそろったところで，概要を教師が紹介します。このときには，例題では点Ａの座標を基にaの値を求めていたのに対して，点Ｂの座標を利用してaの値を求めていた班があったことなどを紹介しました。

⑤他の班と説明し合う

いよいよ，教科書例題を学級全員が説明し合う活動を立

って行います。今回は2種類の説明方法で取り組んでいるので、自分たちとは別の方法に取り組んだ班同士のペアを教師が決め、4人の生徒を2人ずつ移動させて、それぞれが他の班に説明し合うこととしました。

他の班に説明し合う活動はこのときがはじめてのことで、方法を細かく指示しなかったことから、2人対2人で説明を行い、「ここからバトンタッチ」と言って途中で交代していた班や、1対1になって別々に説明し合う班など、自分たちで工夫し、全員が説明し合う活動に取り組んでいました。はじめは多少の戸惑いも見られたのですが、次第に教室全体が熱を帯び、納得するまで聞き、共通している考え方を確認し合うなど、価値ある活動が行われました。

⑥例題を自分の方法で再度解く

説明が終わった班から、各自が納得のいく方法で例題を再度解いて、書いたものを提出させます。これを教師が確認することで、各自がどこにこだわりをもち、どこで納得できたのかを把握しました。

時間差が生じるので、終わった生徒から、先ほど指定し

た類題を解くよう指示を出しました。ここでもわからないことがあれば，自分からまわりの生徒に尋ね，やりとりの中で理解を図る姿が自然に生まれていました。

⑦授業の振り返りを書く

　最後に本時の振り返りを生徒に書かせました。
　生徒の記述をいくつか紹介します。

・たくさんの人と話し合うことにより，自分の意見や考えが深まり，疑問に思うところを明確に理解することができました。
・いつもより説明はよくできたつもりですが，それでももっとわかりやすく伝えられる気がします。アウトプットができると，より自分も情報を自分のものにできると思うので，これからもがんばりたいです。
・yとxが決まればaはただ１つに決まるから，$y = ax^2$にxとyを代入する。なぜそうなるのかを踏まえて，しっかり説明できたし，理解を深めることができたのでよかった。

　アウトプットする機会を取り入れることは，学んだ内容を単に繰り返し再現しているのではなく，やりとりを通して学んだことが洗練され，さらなる深い学びが得られているのではないかと感じています。

（島根県松江市立第三中学校　柘植守）

3年／相似な図形／平行線と比

教科書例題を読み取り，学級全員が説明する活動

(1)授業の概要

　平行線と比の性質を利用し，長さを求める問題です。

　大半の生徒は説明を聞いて理解できるのですが，どこがなぜ対応するのか（全体と部分の比なのか，上下の比なのか，相似比と平行線と比の混同）や，内項の積＝外項の積としてよい理由と計算，方程式や平方根の計算ミスなど，生徒によってつまずく場所は様々です。全員が正解してほしいところですが，教師が思っている以上に正答率が低い問題です。

　そこで，教科書例題を読んで学級全員が説明する活動を授業のメインに据えて行いました。

(2)授業展開

①目的と方法を確認する

　本時は，平行線と比の性質を利用し，長さを求める問題を扱います。本時のゴールは，長さを形式的に求められるだけではなく，学級全員が真に理解して説明できるように

なることを強調します。
そのために教科書例題を
読んでその内容を全員が
説明し、わからないこと
があったら聞き合うこと
を確認し、今日のメニュ
ーを黒板に提示します。

②教科書例題を各自で読解する

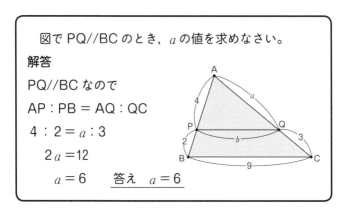

図でPQ//BCのとき、aの値を求めなさい。
解答
PQ//BCなので
AP：PB＝AQ：QC
$4:2=a:3$
$2a=12$
$a=6$　　答え　$a=6$

　教科書の例題には、正解を導くための詳しい解説が丁寧に書かれており、苦手な生徒でも読み取ることができれば説明できるので、「これなら自分にもできる！」という気持ちにさせるよさがあります。しかし、学習内容を理解していても、書かれている文章の意味を正しく読み取れない生徒は意外に多く、生徒にとっては、適度な難易度があります。吹き出しや欄外の囲みなども含めて読み取れる生徒

もいて、結果として教科書作成者の意図まで読み取ることにもなります。読み取った後に全員が説明することがわかっているので、読み取って理解しようとする生徒の意欲や本気度はかなり高いと感じます。

③4人班で説明し合い、理解を確認する

班の中で、ある程度の人数が読み取れたら、立って説明し合います。立って説明を始めるタイミングは各班に任せます。

基本的には、全員が同じ問題の説明を順にしていくのですが、複数の例題を指定できれば、生徒ごとに別の例題を説明することができます。

説明が間違っていたり、不十分であったり、説明者が理解していないのではと思う場合には、質問したり、ヒントを与えたり、補足し合ったりすることで、班員全員の理解を目指します。活動が形骸化しないようにするためには、書いてあることを単に読めばよいのではなく、行間を説明することで、全員が理解・納得することが目的であること

を，繰り返し伝えていくことが肝要です。

　教科書を相手に見せて，指やペンで指し示しながら説明している姿や，聞く側が質問し，それに答えて説明する姿など，よいと思われる関わり合いを見つけて称揚していくと，よさが他の班にも伝播します。

④座って教科書の類題を解き，班で確認し合う

　班の全員が説明して理解・納得できたら，座って例題に続く教科書の類題を各自で解きます。例題を説明し合うことを通して本当に理解できていたのなら，その類題は自力で解けるはずですが，残念ながらそうとも限りません。説明できたようでいても，実は誤解している生徒もいます。そこで，類題の答え合わせも班に委ねます。

　ここでも，教師用指導書を教卓に広げて閲覧を許可し，正解かどうかを生徒が自分たちで確認できるようにしておきます。当然のことですが，教師用指導書には正解だけでなく，学習するうえで参考になることが書かれているので，それを手がかりにして理解を深める生徒もいます。

　理解や進度には生徒により差があり，限られた時間で一斉に進めようとすると，苦手な生徒は置き去りにされてしまいます。しかし，この活動なら個人差に対応することになり，単に正解を書き写すだけの学習ではなくなります。

　時間差が生じるため，早く到達した班には，ワークブックなどを各自で解くように指示しておきます。

3 テスト返却時に「学級全員が説明する活動」を取り入れる

　本節は，テスト返却時の展開例です。

　定期テストだけでなく，日頃行っている小テストでも，先生方は生徒全員に理解してほしいと考え，返却の仕方や模範解答の内容，与えるタイミング，その後の課題をどうするのかまで，様々な工夫をされていることでしょう。

　私自身も様々な方法を取り入れてきましたが，残念ながら，苦手な生徒ほどテスト返却の機会を通して効果的に学んでいないことを感じてきました。

　教師は，「できていないところを，この機会に理解してほしい」と願っていても，できなかった生徒は，気持ちが折れていることもあり，自身のテスト用紙に冷静に向き合えないことがあります。そうなると，どんなに丁寧に説明しても，どんなにわかりやすく解答例を作成しても，理解・改善されることはありません。

　できなかった生徒ほど，聞き取らなければならない解説が多く，メモすべきこともたくさんあります。教師が解説する要点以外がわかっていないことも，よくある話です。

　こうやって書いていくと，読者の先生方はお気づきだと思いますが，テスト返却時こそ生徒が出力する機会，すな

わち,「学級全員が説明する活動」を取り入れるタイミングなのです。説明する活動を取り入れることにより,生徒の学ぶ意識が高まり,結果として,生徒によって異なるつまずきに応じた,必要な入力が行われる可能性が大きくなるのです。

　もちろん,そのためには,わからないことがあれば正直に「ここがどうしてそうなるのかわからないんだけど…」と尋ねられる関係や,説明者がわかっていないようなら「どうしてこうなると思うの？」と相手のために質問できる関係ができていることが前提になります。

　ですから,前節までに紹介してきたような「学級全員が説明する活動」を,日々の授業で行っている環境下で,可能になる活動だと考えます。

全学年／全単元

小テスト返却時に
学級全員が説明する活動

(1)授業の概要

　日常的に行われるような小テストの返却・解説時にも，「学級全員が説明する活動」を取り入れることができます。むしろ，正解を示して短時間に理解させたいこの場面こそ，「全員が説明する活動」を取り入れることが大切だと思うようになりました。正解を配って，解説を聞かせ，正解を写させるだけの学習では，形の上では正解が書かれていても，ほとんど価値がないと思うからです。

　活動方法は，特別なものではありません。自分が間違えた問題を1問だけ，班の中で全員が説明するのです。

(2)授業展開

①問題を解く

　時間を定めて，まずは各自で小テストに取り組みます。

　3年生後半によく扱うのが，全国都道府県公立高校入試の計算問題です。各都道府県の公立高校入試で出題された計算問題を1回あたり5問程度出題します。様々な種類の

問題を織り交ぜることで，入試で試される計算処理能力を磨き維持するよい機会になります。

---

(1) 次の計算をしなさい。

ア　$-8 + 27 \div (-9)$

イ　$\dfrac{2x+y}{3} - \dfrac{x+5y}{7}$

ウ　$\sqrt{45} + \dfrac{10}{\sqrt{5}}$

(2) $a=41$, $b=8$ のとき
$a^2 - 25b^2$ の式の値を求めなさい。

(3) 次の二次方程式を解きなさい。
$x^2 + 7x = 2x + 24$

---

②各自で答え合わせし，間違えた問題を理解する

　時間を定めて，各自で解答を読んで答え合わせをします。正解を求める過程（途中式）も示します。間違えた問題の解答を読んで，「なぜどのように間違えたのか」「どうしてそうなるのか」（定理や法則があれば，それもあわせて）を明らかにします。

　この後全員が説明することになっているので，生徒たちも真剣に自分の答えと，正解や途中式を読み比べます。

生徒たちが読み取っている間に，黒板には以下のように書いて，ここでの学習の目的を確認します。

> 「なぜ，どのように間違えたのか」
> 「どうしてそうなるのか」
> を説明しよう。
> 　わかったふりをしない・させない！

　解答を自分で読み取るだけでは正しく理解できない生徒もいるので，この間にまわりの生徒に「なぜそうなるのか」を聞くことも許容します。自分のわからなさに向き合って，明らかにすることが，理解できるようになるための第一歩だからです。

③立って全員が自分の間違えた問題を解説する

　互いができそうになったら，立って4人班で説明する活動を始め，各自が間違えた1問を詳しく説明します。先に述べたように，正解を求める過程だけでなく，「なぜ，どのように間違えたのか」「どうしてそうなるのか」を説明するので，同じ問題であっても説明しがいがあります。

　説明者が正しく理解していないようなら，まわりが温かい気持ちで質問したり，サポートしたりするのは，いつものルールです。

　全問正解の生徒は，解答の解き方が自分とは違った問題か，他の生徒が解説しなかった問題を1つ選んで，最後に

解説するようにします。

④班ごとの時間差を認める声かけをする

　この活動は，授業開始時に行うことを想定しています。多少の時間差が生まれるのですが，次の活動は，全体をそろえてスタートします。そこで，状況を見ながら，次の3つのことを語ります。

　まず，遅くまで残っている班への称賛・応援です。誠実に取り組んでいるから遅くなるのです。まずは教師が笑顔で称賛し，急がせてはいけないことを伝えます。

　次に，支援することです。サポートできそうなら，まわりの生徒も関わるように促します。班内でうまく説明できないようなら，他のメンバーが支援できるかもしれません。説明する生徒が残り2人いるようなら，1人は別の班で聞いてあげることもできます。このあたりは，生徒が活動の意図を理解してくれれば，自然発生的に，互いの学びを高めるように生徒同士が関わっていくようになります。

　最後に，これまでの自分の間違った問題を見直し，間違えやすい傾向を明らかにすることです。単純な符号のエラーが多かったり，同じような平方根の問題で間違えていたりするなど，自分の間違えた傾向が見えてくれば，このトレーニングとは別に，自主的な学習・対応策が必要だと，生徒自身が理解することでしょう。

全学年／全単元

定期テスト返却時に，学級全員が説明する活動

(1)授業の概要

　先生方は，定期テストの返却・解説をどのような形で行っているでしょうか。

　テストが紙ではなく，CBTに変わりつつある昨今です。AIが各生徒のテスト結果を分析し，結果を提示するようなものもあるでしょう。しかし，どんなに詳しく正確な分析であったとしても，情報を与えられるだけでは，生徒が問題の意味を理解できるようになったり，解答の手順や根拠を理解できるようになったりすることはありません。

　ですから，定期テストでも「学級全員が説明する活動」を軸にして，以下のように行います。

```
①正解プリント（詳しい解説つき）を配付      （2分）
②テストを返却（③④の活動を予告）         （5分）
③各自正解プリントを読み取り理解           （8分）
④間違えた1問を選んで，立って班内で説明   （10分）
⑤教師による解説                         （15分）
⑥5問を選び，詳しい解説を書く（宿題）     （10分）
```

(2)授業展開

①正解プリント（詳しい解説つき）を配付　　　（2分）

全員の机上に赤ペン以外が出ていない状態であることを確認し，正解プリントを配付します。プリントには，求め方はもちろん，解答に必要な解説を書いておきます。

②テストを返却（③④の活動を予告）　　　　　（5分）

この後の活動を予告してから，テストを返却します。テスト用紙を生徒に手渡す数秒間に，適切で次につながる声かけ（アドバイス）をするように心がけます。気になることや失敗した点に触れたくなりますが，それよりも，たとえ間違っていても成長が見られた点を見いだしておき，生徒のよさを認められるよう心がけます。

③各自正解プリントを読み取り理解　　　　　　（8分）

各自で正解プリントと見比べ，どこでどう間違えていたのかを確認させます。この後，全員が説明することになるので，小テストのときと同じく，この時間内にまわりの生徒に聞いて確認することも許容します。

④間違えた1問を選んで，立って班内で説明　　（10分）

テストの中で自分が間違えた問題を1問だけ，4人班で全員が説明します。この活動を行う意図や指針などを次ページにあげます。

○説明する意図
　・本当に理解しているかどうかは，説明してみないとわからないから，説明する活動を行う。

○説明する内容
　・テストのとき，なぜ，どのように間違えたのか。
　・どう考えると正解にたどりつくのか。
　（方法ではなく，理由を説明する）

○説明する側の姿勢
　・わからなくなったらまわりに助けを求める。
　・まわりを信じる。

○聞く側の姿勢
　・説明する人が自力で説明できそうなら見守る。
　・心配なら，質問して理解を確かめる。
　・わかっていないようなら，サポートする。

○活動の目的・指針
　・わかったふりをしない・させない。
　　（できなかったことができるようになるために学校に来ているのだから，わかったふりはしない）
　・全員が本気で力を出す。
　・ゴールは全員が理解すること・力を伸ばすこと。
　・わからない人が質問することは，力を出すこと。

満点だった生徒は，小テストと同じように，答えは合っていても解答プリントの解法が自分と違う問題か，他の生徒が説明しなかった，間違えやすい問題を1つ選び，最後に説明するようにします。

　説明する時間は目安を10分としタイマーを鳴らしますが，生徒たちの様子で，適宜延長します（その際には，⑤⑥の時間を短縮することになります）。

　説明が早く終わった班は，座って⑥の活動を行います。

⑤教師による解説　　　　　　　　　　　　　　（15分）

　限られた15分程度の時間で，全体に対して教師は何を語るべきなのでしょうか。採点しながら感じたことだけでなく，生徒たちの説明する活動の中からも，語るべきことのヒントが得られます。大事なことは，全部を解説しようとせず，いくつかを限定して解説することです。

　また，全員が納得できる解説をするのは本来無理なことですが，無理を承知のうえで，これまでとは逆のことを書きます。ここでは，「全員に絶対に理解させる」という強い意志をもって，教師として今もてる最大限の力量を使って説明します。わずか15分の時間ですが，本気で向き合う教師の姿勢は，生徒たちに響くものです。

　そこで，私は解説時に必ず電子黒板を利用しました。生徒の手元のプリントとまったく同じものが画面上に提示されるので，どの問題に対しての解説なのかがわかります。「そんなことぐらいで…」と思われるかもしれませんが，

そんなことでつまずいている生徒は，案外多いものです。黒板に書いて解説することに比べて，電子黒板を利用すれば，拡大するのも，次の問題に移るのも，手軽に短時間で行え，プリントと同じものが常に画面に表示されているため，生徒たちも安心して確認ができます。

さらに大事なことは，電子黒板の大画面に，直接電子ペン等を使って書き込むことです。書き込むだけならパソコンやタブレット上でも可能ですが，画面に目を落とすことで，生徒の反応がつかみにくくなります。少しでも生徒の反応を感じながら解説しようとするのなら，教師にとっては慣れ親しんだ「黒板を使っての説明」に近い，電子黒板の利用はとても有効です。

⑥ 5問を選び，詳しい解説を書く（宿題） （10分）

最後に，テストで間違えた問題を中心に5問を選んで，再配付したテスト用紙に解説を記入します。1つの目安は，最初に配付した正解プリントよりも詳しく書くことです。

これを行うためにも，テスト用紙には，解答だけでなく，求め方を直接記入できるスペースがあることが望ましいです。もちろん5問すべてを授業時間内に行うことはできないので，1週間以内に提出する宿題にしています。

この授業の中で，テスト用紙（もしくは配付した正解プリント）の問題番号に，○，□，△，×の記号をつけて，問題を分類するように指導します。

> ○：テストで正解し，十分理解している問題
> □：正解だったが，少し怪しい問題
> △：テストでは間違えたが，今は理解した問題
> ×：テストで間違え，今も理解できていない問題

 この宿題の目的は，□だった問題を○に，×だった問題を△に変えることです。提出を求めると，ただ正解を書いて出すことが目的になる生徒もいることでしょう。何のための宿題なのかを，折に触れて生徒たちに問い質しておきたいものです。

 また，ここでは5問に限って解説を詳しく書くことを求めていますが，学級や生徒の実態や目的によっては，数をさらに少なくすることも考えられます。例えば，1問に限定してレポートとして提出させれば，解説はさらに詳しくなり，レポートを互いに見合うことも可能でしょう。

 いずれにしても，間違えた問題の全部に対して，同じように取り組む指示を出さないことです。苦手な生徒ほど，正解プリントの丸写しをして終わることになりがちだからです。あれもこれもと欲張らず，解説する問題の数を限定することが，ここではとても重要です。

(3) この学習に対する生徒アンケート結果より

 テスト返却時の「学級全員が説明する活動」に対する生

徒の考えを把握するため，すべての定期テスト終了後の3年生を対象に，3件法と理由を自由記述するアンケート調査を実施しました（令和3年2月実施，対象は63名）。

①正解プリントの詳しさ	詳し過ぎる 3	ちょうどよい 52	もっと詳しく 8
②各自で確認する時間	短い 19	ちょうどよい 38	もっと短く 5
③間違えた問題を 全員が1問だけ解説	よい 53	どちらとも 9	よくない 1
④教師による解説	よい 58	どちらとも 5	よくない 0
⑤5問は詳しく解説を書く	よい 49	どちらとも 14	よくない 0

　日常的に「学級全員が説明する活動」を行ってきたこともあるのですが，この学習の核となる③の活動に対して，生徒たちはとても肯定的に受け止めていることがわかりました。特にこの質問で「どちらとも」「よくない」とした生徒の理由の大半が，「1問に限らず，もっと積極的に行うべきだ」というものであったことからも，多くの生徒がこの学習に価値を感じていることが伺えました。

　以下は，③の回答に対する自由記述です。

①「よい」（53人）の理由

・どこで間違えたのかを理解してから説明しなければいけないし，説明する力がつくから。

・間違えた問題を自分の言葉で説明することで，理解が深まり，記憶にも残りやすいから。
・正解プリントだけでは間違えた理由がわからないとき，教えてもらえるのがありがたい。
・説明することで，自分が間違えないようにするにはこうしようと考えられる。
・それぞれが違う問題を解説するので，多くの問題に対する求め方を理解できるので。
・間違えたところがはずかしいという人もいるかもしれないけれど，私のクラスはみんな苦手を克服しようという気持ちが強いから大丈夫です。

②「どちらとも」（9人）の理由
・2〜3問を説明するようにしてほしい。
・1問だけなら，いいかなとも思う。
・問題の一部を変えて説明する方がよいのでは。
・班の人（メンバー）によって，解説できるときとできないときがあるから。
・わかった問題を説明しても変わらないから。

③「よくない」（1人）の理由
・1問だけだと，わからないことがまだある人が多分困ると思うから。

コラム

教科書例題を学級全員が説明する活動に取り組んでみて

学級全員に出番が回ってくる授業のよさ

　教科書に書いてあることを教師が説明したり，できた生徒に説明させたりする授業に疑問を抱いていたところ，武藤先生の教科書例題を学級全員が説明する活動に出合い，実践してみました。すると，全員に出番があることから，いきいきと活動する生徒の様子が見られ，生徒がどの部分でつまずくのかもわかるようになり，教師としても学ぶことがたくさんありました。

　例えば右の例題を教師が解説すると，方法を強制するニュアンスになり，計算過程に対する生徒の思考を停止させがちです。

$$
\begin{aligned}
\text{例}\quad & 5x - 2 - x + 7 \\
= & 5x - x - 2 + 7 \\
= & (5-1)x + (-2+7) \\
= & 4x + 5
\end{aligned}
$$

　しかし，生徒が教科書を読み取って，生徒の言葉で説明する活動を行ったところ，かっこを使う意味や，なぜ並べ替えるのかなど，途中式の必要性や意図に自ら気づいてのやりとりが見られました。また，係数や項といった数学の言葉を使って説明している生徒も見られました。

全員が説明する活動の後，座って練習問題にもグループで取り組み，教え合いが生まれます。ある班では，$5x-x$ を5としていた生徒に対して教え合いが行われていたので，これを全体に紹介しました。どのように考えればよいかを全体に問い返し，改めてかっこを使う意味や，x の係数は1であることを確認できました。

　この活動を毎回行うことで感じたよさは「生徒全員に出番が回ってくる」「予習してくる生徒が増えた」「少しずつ自分の説明力を鍛えることができる」「生徒がどこでつまずくかが見えてくる」「生徒が取り組んでから補足的に教師が大事なポイントを説明するので，生徒は課題意識をもって話を聞いてくれる」といったことです。

　教科書例題を学級全員が説明する活動は，生徒の主体的な学びを促す取組になると考えます。また，インプットしたことをアウトプットするときの土台となるので，今後もいろいろな場面で実践していきたいと思います。

　　　　　　　　　（島根県松江市立第一中学校　三島圭一朗）

"お客さん"がいない 全員が自分事の授業に

　3つの正負の数の乗法の問題を全体で共有した後，グループ内で全員が説明することを伝え，教科書例題の「$(-2)\times(-7)\times(-5)$ を計算しなさい」を読んで，全員が説明する活動を行いました。同じ説明になってもよいので

全員が必ず説明するよう強調してグループ活動を行い，終わったグループから座り，教科書の類題と練習問題に取り組みました。

　この活動では，得意な生徒ほど相手がわかるように一生懸命説明する様子が見られ，理解が深まっているように感じました。また，「友だちの説明を聞いてわかってなさそうなら質問してあげて」と伝えたことで，友だちとの対話の中から自然と疑問を解消しようとする活動が見られました。わからないことがはっきりしない生徒も，わからなさが明確になるようでした。これが「わからない」を言いやすい関係づくりのきっかけにもなると感じました。

　全員が説明するので，聞いているだけの"お客さん"がいなくなり，全員が自分事として向き合っていました。その後の練習問題では，苦手な生徒も積極的に問題に向き合い，いつもより正解にたどり着く生徒が多く，正解できて喜ぶ姿が見られました。また，教科書の正しい式の書き方をじっくり読むことで，式表現が洗練されました。

　以下は，授業を振り返っての生徒の感想です。

　「わかっているつもりでも，相手に説明することが難しかった」「友だちに説明することで，自分が理解しきれていないところがわかった」

　グループのメンバーをあえて得意な生徒同士，苦手な生徒同士にすれば，発展的な問いが生まれ，苦手な生徒が教える立場になれるのではないかとも思いました。

（北海道名寄市立名寄中学校　小谷智哉）

本章では,「学級全員が説明する活動」を有効に行うための留意点を解説します。

　はじめてこの活動を行う方は,活動を行う前に目を通しておくと,イメージがつかめることでしょう。

　活動を取り入れてみてうまくいかないと感じた場合にも,ぜひ本章を見直してください。改善のヒントになるものが見つかるかもしれません。

第3章
「学級全員が説明する授業」を有効に行うために

1 学級全員のモチベーションを高めるために

(1)全員が説明することを予告し，その意図を伝える

 「学級全員が説明する活動」を取り入れる当初は，この活動を行うことを，授業冒頭で予告するようにします。

 生徒たちが「これから自分も説明するのだから…」という心構えで授業に参加し，問題を考え，教師の解説や他の生徒の発言を聞くことが，「学級全員が説明する活動」を効果的なものにします。

 また，活動の意図を教師が語り，生徒たちも意図を概ね理解し，多少でも共感している状態で取り組むことも重要です。

 この活動は1人では成り立ちません。ペア活動では，一方の生徒が意図通りの活動をしようとしても，相手となる生徒が，形だけの「やったふり」をしてしまうと，まったく意味のない活動になってしまいます。

 そこで私は次のような話をして，生徒たちの根底にある思い（本心）に語りかけ，気持を揺り動かすように心がけました。

> 皆さんは，「わかったふり」が上手になるために学

校に来ているわけではありません。少しでもわかるため，できるようになるために学校に来て学んでいるはずです。ですから，本当にわかるための時間にしましょう。

　私（教師）が前で説明すれば全員が必ず理解できるなら，私はいくらでも説明するのですが，人によってわからないところや，これまで苦手だったところは違います。全体に向けての説明では伝えきれません。だからこの活動を行います。説明する中で気になることがあれば，わかるまで相手に聞いてください。そして，理解できたかどうかは，相手に説明することを通して確認してください。

　まずはペアや班でがんばるのですが，その確認で不安なときは，だれでもよいので，まわりの人に助けを求めましょう。わからないことはだれにでもありますし，そんなときに助けを求めるのは，はずかしいことではありません。わからないのに，わかったふりをする方がはずかしいことです。

　説明は一方通行で終わるのではなく，対話になるように心がけてください。互いが反応し合うと理解が深まります。思わぬことに気づくこともあります。

　この活動が意味のあるものになるかどうかは，皆さんのやる気・本気にかかっています。このクラスのメンバーならできます。がんばってください。

(2)時間差が生まれて当然であることを伝える

「個に応じた指導」の重要性が説かれています。生徒によって違いがあることを前提に指導に当たるのは当然のことですが、すべての個人差に教師が対応しようとする発想には無理があります。

「学級全員が説明する活動」は、生徒たちが本気で取り組めば、これほど個に応じた学びはないと思うほど、有効な方法だと考えます。とはいえ、どんな方法であれ、個人差に応じるほど、時間差は生まれます。

多くの生徒が理解している中で、時間がかかっている生徒たちの理解・納得を待つのは、教師にとっても難しいことです。授業を予定通り進めたいと思うと、やりとりをしている生徒たちを待てなくなりそうになる自分を感じることもあります。

そこで、この活動を始める際に、学級全員に向けて、

「全員が説明する活動は時間差があって当然だから、まわりを気にせず理解するまでとことんやりとりしよう」

と思いを込めて語りかけておくのです。

これは、生徒たちに本気で活動に取り組むことを促しているだけでなく、「生徒が本気で理解しようとしているのだから、時間を与えよう」という教師の覚悟を、自分自身に向けて宣言していることにもなります。覚悟を決めて宣言することで、後ろには引けない状態に自分を追い込むのです。

このとき一番苦しいのは，残って説明し続けている生徒たちなのです。わからないことを乗り越えようとがんばる苦しさよりも，早く終わったまわりの生徒たちの視線に耐える方が苦しいかもしれません。形式的にわかったことにして，座ってしまえば，どんなに楽でしょう。

　ですから，教師はがんばってやりとりしている生徒の盾となり，本気で援護射撃するのです。

　「誠実だから，最後まで残っているんだよね。本気で取り組んでいる証拠だよね」

　「本気でわかりたい・わからせたいという気持ちは，相手に対する優しさだよね。ここで中途半端にわかったふりをしたら，本気で教えている相手に悪いよね」

　こんな声かけをまわりにすれば，他より遅いことに対して少しだけ気が楽になります。

　他の生徒たちも，待つことにイライラしなくなります。形だけのやりとりをして座ってしまった生徒たちが，次からの取組を改めるきっかけにもなるかもしれません。

　本書のコラムに書かれている先生もいらっしゃいますが，この活動を一度取り入れると，それをしていなかった今までの授業が，いかに教師本意なものだったのかと思うようになります。

　生徒の学びにとって一番大切なことに授業時間を費やすことを意識すると，その時間を生み出すために，無駄な時間を見いだし，どう省くのかという発想になり，結果として授業が洗練されていきます。

(3)説明する側のメリットを伝える

　説明することの価値を,生徒たちはどの程度理解しているでしょうか。もしかすると,「自分はわかっているのだから,他の人に説明するより,別の問題を解く方が意味がある」と思っている生徒がいるかもしれません。

　そうだとしたら,説明する側のメリットを伝えることで,活動に価値を感じていない生徒の考えを,少しでも揺り動かしておく必要があります。価値がある活動だとわかれば,生徒は前向きに取り組みます。その結果,「学級全員が説明する活動」が,さらに価値ある活動に高まります。

「説明する側」のメリットをあげてみましょう。
・説明するためには,自分の考えを再構成する必要があります。どの順番でどんな言葉で説明したら伝わるのか,何が大事なことなのか,説明したことは根拠のあることなのかなどを逐次判断しながら説明することになります。その思考を通して,論理的な組み立てが洗練され,結果として説明する側の理解が確かになります。
・相手に説明するので,相手の反応を見て判断することになります。自分が当然だと思っていたことも,相手がいると,理由を説明する必要が生まれます。1つの方法で理解されないとすると,別の方法を考える必要も生まれるので,多様な考え方ができるようになります。
・相手に合わせて説明する際には,相手に質問して,相手

の理解度を確認しながら説明することもあるでしょう。どんな質問がよいのかは,相手の反応を見ながら判断し,変えていくことになります。言葉の使い方にも配慮するようになり,相手に合わせたわかりやすい言葉を選ぶことになります。言葉を選んで説明する力や,相手を察知する能力が磨かれます。

・場合によっては,文字や図,表,グラフ,数式などを書きながら説明することが,わかりやすさを生むのかもしれません。どんなものを使うとわかりやすくなるのかを判断し,工夫する力が育成されます。

・相手に応じた説明を見いだし,工夫する作業を通して,説明者の表現力や優しさが磨かれます。さらにいうと,わかりやすい説明をすると相手に感謝され,互いの人間関係をよりよいものにします。

どうでしょうか。直接的な,いわゆる学力だけでなく,副次的な,副産物のような価値も説明することにはあるのです。自分1人でわかったつもりで終わっていたら経験できない貴重な学びがそこにはあります。ただ問題を解けるだけではない,社会に出て生きていくうえで大切な,磨くべきスキルといってもよいかもしれません。

先生方も,日頃から生徒にわかりやすく説明しようと思い,それを生徒に向けて繰り返し実践しているから,説明が上手になっているのだと思います。同じことを生徒が経験するチャンスを与えるのです。

(4)聞き手を育てる

　教育心理学の論文「説明はなぜ話者自身の理解を促すか―聞き手の有無が与える影響―」(伊藤貴昭・垣花真一郎, 2009) には, 興味深い実験結果が載っています。

　数学のある統計用語を学習したことがない大学生(56人)をアンケートで選び, ランダムに「話し手」と「聞き手」を決め,「話し手」には用語を説明したプリント2枚を渡します。そのプリントを基に自分で学習したうえで,「聞き手」に1対1で説明する実験を,「対面で説明する群」と,「ビデオカメラに向かって説明する群」に分かれて行い, 比較しました。その結果, 事後のテスト結果で,「対面で説明した群」が「ビデオカメラに向かって説明した群」を明らかに上回っていたというのです。

　説明するだけでももちろん価値はあるのですが, このことから, 説明には, 他者(聞き手)の存在が重要で, 有効に働くことがわかります。

　教室で生徒が説明する場面で, 教師は説明する側に意識を向けがちなので, よい説明の仕方を取り上げて全体に紹介することはあるでしょう。一方, 聞き手の役割や, よい聞き方をどの程度意識して見取って紹介しているでしょうか。これは, 説明する生徒を見ているだけではできないことです。

　とはいえ, それは難しいことでなくてよいのです。例え

ば，説明にうなずくことや，首をかしげることだけでも，説明者には意味のある反応として響き，その後の説明によい影響を与えます。「そうなのか」という何気ない言葉も，説明者としてはうれしいものです。相手との距離感や体を向けることも，大事な反応になります（ですから，繰り返しになりますが，学級全員を立たせて説明することをおすすめします）。

また，「えっ？」「なんで？」と，聞き手が聞き返すような小さな声を上げられたら大したものです。疑問に感じる点を示されると，説明者も何を説明すればよいのかが明確になるから，実はありがたいのです。

また，説明者が逆に質問することや，「じゃあ，ここまで説明してみて」と聞き手に説明させるのもよい方法で，そんな生徒の様子を見つけたら，積極的に全体に紹介しましょう。これこそまさに「説明し合う活動」なのです。

黒板に，「一方通行にならない」「対話を心がけよう」という言葉を書いて，説明と反応・質問の往還が複数回続くことを奨励するのも，意外に効果があります。

(5)苦手な生徒のつぶやきを価値づける

　授業中，苦手な生徒が思わず「わかんねー」とつぶやく（？）ことがあります。他の生徒にも"あきらめ感"が伝わってしまい，教室の空気が悪くなることを恐れて，若いころの私なら，すかさず「そんなことはないよ」と反論にかかり，ヒントを与えたり説明したりすることで，生徒の発言を否定して，黙らせようとしていたことでしょう。

　しかし，「学級全員が説明する活動」を行い始めてからは，「わからない」「難しい」という発言を積極的に認めるようになりました。むしろ「ありがたい」と感謝さえするような思いで聞くようになりました。
　生徒の「わからない」という思いにはうそはありませんし，「わからない」という思いから学びが始まるからです。
　そこで，
　「いいねえ。Aさんは，わかりたいと思うから，『わからない』と言うんだよね。自分の苦手なことを誤魔化さずに言えるのは，Aさんのよさだし，強さだよね」
　「『わからない』を解決しよう！　ここからスタートだね」
といったように，この発言を大いに認めます。
　否定されると思っていた生徒Aは意表を突かれ，不思議な思いになることでしょう。自分の何気ない発言を教師に大きく認められてしまうと，本気で取り組まないわけには

いかなくなります。
　さらに，追い打ちをかけるように，
「Ａさんが『わからない』と言えるのは，まわりのみんなを信頼しているからだよね。『わからない』と正直に言ってもバカにされない信頼感がある証拠だよ。このクラスは，本当にいいクラスなんだね」
とまわりの生徒たちも認める言葉をかけます。
　そして，
「みんなはＡさんに信頼されているんだからね。その思いにしっかり応えてね」
「全員が理解し説明することがここでのゴールです。全員が本気を出して，クラスみんなの力で達成しよう」
と机間巡視しながら語りかけます。

　「わからない」という苦手な生徒の言葉は，こんな素敵な言葉をかけるチャンスでもあるのです。

(6) 言葉を発することさえ難しい生徒がいる場合

　あるクラスに、緘黙の生徒がいました。まわりの生徒たちも、この生徒の声を小学校のころから一度も聞いたことがないというのです。原因はわかりませんし、簡単に解決できることではなさそうです。少なくとも、この生徒に説明させることは無理だろうと思われます。

　とはいえ「もしかしたら、この生徒が変わるチャンスになるかもしれない」という勝手な思いで、年度当初から数時間は、いつも通りの「学級全員が説明する活動」を行ってみました。この生徒は、当然説明しません。本人はもちろん、ペアの相手もどうしたらよいのか困った顔をして立っていました。とりあえず片方の生徒が説明することで終わらせていましたが、これを続けても意味がありません。今後、どうすべきかで悩みました。

　できない生徒がいるのだから、このクラスでは「学級全員が説明する活動」を行わないという選択肢もあります。また、この生徒だけは取り組まないことにしても、まわりは違和感をもたないでしょう。しかし、それはクラスのメンバーはもちろん、この生徒にとってよいことでしょうか。

　いろいろと考えましたが、こちらがあれこれ悩んでよいと思う方法を選択しても、それはこちらの勝手な判断に過ぎません。そこで、私はこの生徒に直接聞いてみることにしました。この生徒は話をしないので、うなずくか首を振るかで答えられる質問を中心にし、必要に応じて筆談を依

頼しました。

「説明する活動」をしていると大変？ ………はっきりせず
この活動をやめてほしい？……………………はっきりせず
相手の説明を聞くことはいいことだと思う？ …………Yes
じゃあ，あなたもがんばって説明する？ ………………No
説明したいとは思う？……………………………はっきりせず
どうしたいかアイデアはある？……………………はっきりせず
どうしたいかを書いて伝えられる？ …しばらく待つが No
活動に参加したい気持ちはある？…………かなり悩み Yes
じゃあ，書いて伝えるのはどう？……………少し悩み Yes
小さいホワイトボードに書くのは？…………少し悩み Yes

　ほんの少しですが，笑顔でやりとりを終え，この生徒は次の時間からタブレットサイズの小さなホワイトボードを使って，他の生徒とやりとりを始めました。生徒の思いを聞いてよかったと思いました。
　その後もどう取り組んでいるのかが気になり，様子を見て，時折「どう？」と声をかけることもありましたが，大きな問題を感じることなく，可能な活動を行っていました。本人の努力はもちろんのこと，まわりの生徒たちも，どう対応したら学びが深まるのかを考えて行動し，次第に互いが慣れていったのだと思います。こんな対応ができた生徒たちには，頭が下がる思いです。

(7)説明する相手や順番を変えることを提案する

「学級全員が説明する活動」をペアや4人班で行う際,生徒たちにとっては,とても重大な問題が存在します。それは説明する順番をどうするのか,特にだれから説明をするのかです。だれかが説明した後なら,前の人に倣えばよいので,説明するハードルは下がります。一方,最初に説明する人は,前例のない中で進むファーストペンギンのような存在で,勇気が必要です。

そのことは承知でしたが,「学級全員が説明する活動」を確実に行うため,あえて順番は指示せず,生徒たちの判断に委ねて行っていました。

あるとき,1人の生徒が,

「説明する順番を変えた方がいいと思う」

と私に提案してきました。この生徒はいつも自分が一番に説明しているのだけれど,本当にそれがよいことなのか気になってきたというのです。

提案してくれた生徒にお礼を言い,次の時間に,

「ある人から,説明する順番を変えるとよいという提案があったんだけど,みんなはどう思う? 先生は,その提案はとても意味があると思うんだ。無理でなければ,いつも同じ人から説明するのでなく,たまには順番を変えてみたらどうかな?」

と提案してみました。

それ以前にもあったのかもしれませんが,その後は,

「じゃあ今日は，〇〇さんからね」
のように，順番を意図して変更している会話がよく聞かれるようになりました。もちろん，そんな声が聞こえたら，
　「順番を変えられるのは，すばらしいね！
　　じゃあ〇〇さん，がんばって！」
と応援する声をかけます。
　こうしておくと，順番が固定化している他の班も，
　「次はうちの班も変えてみようよ」
と言いやすくなります。
　また，ペアでの活動では，「今日は前後の人で」「それでは右側の人から」のように，相手や順番を指定することがあります。もちろん，多くの生徒が説明できると思われる内容のときに指定するのですが，変化させたり，刺激を与えたりすることは，活動をマンネリ化させないうえではとても大切なことです。
　その結果，うまく説明できないことがあっても，それは「貴重な経験ができたね」と生徒たちに価値あることとして伝えればよいのです。これまで述べてきたように，説明してはじめて気づくことは，よくあることだからです。説明できなければ，できないこと・わからない点がどこかを説明し，まわりの支えを得て理解し，まがりなりにも説明すればよいのですから。
　そして，生徒たちには「必要なら積極的にサポートしてほしいけれど，どんな形であれ，必ず本人が説明することだけは譲らないように」と依頼しておきます。

(8)生徒への声かけ・板書メッセージの例

これまで私が行ってきた生徒たちへの声かけや，黒板に書いたメッセージの例を挙げておきます。

わかったふりをしない・させない。
みんなは「わかったふりが」うまくなるために学校に来ているんじゃないよね。 本当にわかるために，学校に来ているはずだよね。
本気のやりとりなら，時間がかかっても構わない。 中途半端に終わっても意味がない。
わかっていると思うけど，いす取りゲームをしているんじゃないからね。 早く終わることが必ずしもよいわけじゃない。
授業はクイズ番組じゃない。 だれかが正解を言ったら，それで終わりじゃない。 この授業のゴールは，みんなが説明し，納得することです。
最後まで残って説明しているこの班（ペア）はすばらしいね。 わかったことにして座っちゃえば楽だけど，それじゃあ意味がないから，がんばっているんだよね。 その本気さに，先生は頭が下がる思いです。
全員が本気で取り組もう。

クラス全員の力で,全員が理解・説明しよう。 このクラスならきっとできるはず。
一方通行の説明は×,対話を心がけよう。
「わかった?」と聞くよりも,わかったことを相手に説明してもらおう。 「じゃあ説明してみて」と言おう。
説明する側が質問するのもとてもよい説明方法です。
相手が間違っていると思ったら,自分が理解できないと思ったら,遠慮せずに聞こう。
疑問点を指摘することは,相手に対する誠実さです。
「なぜ」「わからない」と思う場所は,人それぞれだから伝える価値がある。 相手は気づいていないだけかもしれない。
苦手な人の「なぜ?」「わからない」は,本気で向き合っているから出る言葉です。
「なぜ」「わからない」から学びはスタートします。
わかっているつもりでも,説明してみると案外わかっていないことがあります。
相手の顔を見て説明しよう。 相手の反応を見て,説明を工夫しよう。
説明している場所を指さすと,それだけで相手にはわかりやすくなります。
困ったら,まわりの人に助けを求めよう。 困ったら助けてもらうのは当然のこと。

自分でがんばるのは大事だけど，何でも自分だけでやろうとしてはいけない。
火事になって，自分で消せないと思ったら，だれだってなるべく早く119番をして助けを求めます。

「わからない」「なんで？」という言葉を聞くと，先生はうれしくなります。

「わからない」って言えるのは，問題に誠実に向き合っているからだよね。

「わからない」が言えるのは，言ってもバカにされないというまわりに対する安心感があるからだよね。
だから「わからない」が自然に出るこのクラスは，本当にいいクラスだと思うよ。

自分だけじゃなく，相手もわかるって，結構素敵な，うれしい瞬間だよね。

「わからない」と言ってもらえたら，説明するチャンスが来たと思うといい。
相手が本気で向き合ってくれるから，形だけじゃない，本気の説明ができるチャンスです。

人によって説明の仕方には得意不得意があります。説明を繰り返すことで，その幅を広げよう。

「いいな」と思う説明の仕方を感じたら，積極的に真似して取り入れていこう。

図や表，式やグラフなど，説明するのによいもの，可能な方法を，どんどん取り入れてみよう。

| 教科書やノートなども必要なことが書いてあれば，それらをどんどん使って説明に取り入れよう。 |

| 書きながら説明するのも，わかりやすい方法だね。
必要なら，黒板やホワイトボードも使っていいよ。 |

| 聞いていて，わかったらうなずこう。
わからなかったら，首をかしげて反応しよう。
反応があると，説明する相手はとても助かります。 |

| 相手が自分のために一生懸命説明してくれると，「わかった」と言わないと悪いと思うかもしれないけど，それは違うよ。
「わかったふり」をされても，相手はうれしくない。
君が本当にわかることを願って説明しているのだからわからないときは「わからない」と誠実に言おう。 |

| 説明し合うことで学んでいることは，単に数学だけのことじゃないよね。
人として生きていく中で，とても価値あることを皆さんは学んでいるのだと思うよ。 |

| うまくできないことを恐れない。
最初からうまくいくことばかりじゃない。
たとえ失敗しても，次に生かせばいい。
学校は，失敗をたくさん経験するところです。 |

| 元イタリア代表ロベルト・バッジョの言葉
「PKを外すことができるのは，
　PKを蹴る勇気をもった者だけだ」 |

2 授業をデザインするうえで意識するべきこと

(1)間違った説明が伝播する可能性を恐れない

「学級全員が説明する活動」では，教室中のあちらこちらで，生徒同士のやりとりが一斉に始まります。生徒同士ですから，間違ったことを説明しても，聞き手が納得，もしくはスルーしてしまう可能性はあります。

教師の近くにいるペアや班が間違った説明をしていたら，「それで大丈夫？」「どうして？」などと声をかけて正すことはできますが，教師も聖徳太子ではないので，全生徒がやりとりする内容を把握することはできません。

しかし，ここが肝心です。不安はありますが，「それでもよい」「仕方がない」と教師が思い切ることです。

間違った内容が伝播することを恐れて，従来の一斉授業では，教師の目の前だけで生徒に発言させ，教師が内容をジャッジしてきました。それなら教室には正解だけが流れることでしょう。そして，生徒たちが聞いている様子から，理解しているかどうかを教師は判断してきたと思います。

もちろん，教師はプロですから，生徒の表情や仕草から，生徒の理解度を把握し，必要に応じて繰り返したり，補足をしたりすると思います。でも，実は生徒たちもプロなの

です。中学生なら6年以上に渡って、このような授業を受けてきています。わかっていなくても、教師や他の生徒に悟られまいとしているかもしれません。

　つまり、教室に正解情報だけが流れても、生徒が正しく受け止めて理解しているとは限らないのです。聞いているだけでは、勘違いや聞き逃しがあります。用語の1つがわからなくても、それを全体の場で尋ねるのは難しいことです。

　ですから、教師は恐れずに、思い切って生徒同士に委ねるのです。学びを生徒たちの手に渡すのです。もちろん生徒たちの様子を見ていて、「このままではうまくいかない」と先生が判断されたら、活動をストップしても構いません。

　説明する内容面で多くの生徒が間違っていて、生徒同士では修正できそうもなければ、全体に向けて教師が修正点のみを説明して、活動を再開させます。説明する方法でうまくいっていないようでしたら、心配な生徒たちの表れを具体的に伝え、活動の目的を確認・共有して、活動を再開させます。

　「君たちに任せたからね」の言葉は、活動の自由と、教師の覚悟を伝える言葉でもあります。

(2) 活動の時間を生み出すために

「学級全員が説明する活動」を行えば、今までよりも時間が必要になります。これまでは、教師や理解している生徒が説明すれば終わりだったのに、さらに生徒同士が説明し合い、わからなければ聞き合い、教え合うことが発生するからです。

授業時間は限られています。活動時間を生み出すには、これまで授業で行ってきた何かを削る必要があります。

無駄なことは何でしょうか。これまで授業内で行ってきたことですから、どれも意味があって行ってきたことでしょう。そう考えると無駄なものはないのですが、それでは「学級全員が説明する活動」を行う時間は生まれません。ですからどちらが大事なのか、優先順位を決めて、思い切ってカットしていくのです。

例えば、授業最初と最後の全体での挨拶。私は終わりの挨拶をほとんどさせていませんでした。まだ取り組みたい生徒もいますし、終わりにしたい生徒もいます。そこで、終了時刻になったら「それでは各自で終わってください」と言うだけでした。(チャイムを鳴らさない学校でした)

そのうち始めの挨拶も止めました。相撲の立ち合いのように、時間になったら互いの呼吸で始める感じです。

次は、教師が語る時間を減らすことです。「雑談で生徒を惹きつける技」が得意な先生もいますが、それが本当に必要かどうかを考えて判断します。

さらに意識すべきことは,「学級全員が説明する活動」の前に, 教師が極力解説しないことです。教科書例題でしたら, 尚のことです。私もそういう傾向があるのですが, 老婆心から, あれもこれも伝えなければと, 知っていることを説明しがちです。また, そんな話に関心をもって聞く生徒も少なからずいるので, 話したくなります。でも我慢して, できるだけ語らないことを心掛けます。繰り返しになりますが, 説明したからといって生徒全員が理解できるわけではないのです。それよりも, その分の時間を「学級全員が説明する活動」の時間に回すのです。そのうえで, どうしても必要で欠かせないことだけを語るようにします。

　次は, 判断が難しいのですが, かなり有効な方法です。それは, すべてを同じように学ぶ形を取らないことです。例えば, 教科書に4つの問題があったとき, すべてを同じように扱うことを止めるのです。全部をしっかり扱ったからと言って, 全員がわかるわけではないのです。

　これまで, 全部やらなければと思うあまり, 理解できない生徒がいても, 正解を黒板で説明して終わっていたことはありませんか。教師としては, 全部を形の上で扱ったことにすれば, 責任を果たしたつもりかもしれませんが, それでやったことにされても, 多くの生徒は困った状態なのです。それなら例えば,「全員で説明する活動」を2つで取り入れて確実に理解するようにして, 早く終わった班は, 残りの2つにそれぞれ取り組むようにするのです。

(3)ペアと4人班の使い分け

　ペアと4人班の使い分けの判断としては，私は7割程度の生徒が説明できそうな内容ならペア活動，5割程度なら4人以下の班活動，というおおまかな基準と，勘による判断で指示を出してきました（班の人数は4人が上限と考えています）。

　とはいえ，その判断がどの班，どのペアにもうまく当てはまるとは限りません。ペア活動を指示したけれど，ペアによってはハードルが高く，互いが説明できないこともあります。4人班での活動を指定したら，班によっては簡単過ぎたり，逆に時間がかかり過ぎたりして，無駄に時間を費やしていることもあります。

　それでも，「困ったらまわりに助けを求めてよい」というルールを確認しているので，大きな問題は起こらず，むしろスムーズに説明できないときこそ，本物の「学級全員が説明する活動」が実現すると感じていたので，さほど気にせずに直感的に指示を出し，活動させていました。

　この活動に慣れたある日，少し難しそうな内容だったので，4人班での「学級全員が説明する活動」を指示しました。すると，ある生徒が「先生，これ，ペアでやってもいいですか？」と許可を求めてきました。

　4人班での説明に比べてペアでの活動なら，単純に半分

の時間で済みます。この生徒は班のメンバーの2人にとっては時間がかかりそうでも，残りの2人は単独でも大丈夫だと感じていたようです。時間がかかることは悪いわけではありませんが，ペア活動にすることで1人に対応する時間を生み出し，全員が納得することを考えての提案だと思われました。

　そこで，「もちろんいいよ。ただし，全員が納得・説明することは必ずだからね」と念押しして許可を出し，同時に，漫然と方法を指定していた自分を反省しました。

　生徒主体の活動になってきているのですから，4人班で行った方がよいのか，ペアで行った方がうまくいくのかは，生徒たち自身が一番よくわかっています。ペアで活動してみて，うまくいかなければ4人班に切り替えてもよいし，4人班で行う中で，ペアに切り替えることがあったとしても，「全員が説明・納得する」という目的に合致していれば構わないのです。生徒の様子を見て「活動の方法」も生徒に委ねるべきなのに，自分たちでよりよい学び方を判断する機会を与えていなかったことを，生徒のこの言葉から気づかされました。

　それからは，自分たちで判断できるように成長してきたと思った時点から，

　「とりあえず班での説明にするけど，ペアでやっても構わないから，君たちがよいと思う方法でやってごらん」

と指示し，活動を行うようにしました。

第3章　「学級全員が説明する授業」を有効に行うために　147

(4) 説明できそうな生徒が4人程度の場合

　問題によっては、理解し説明できる生徒が全体の半分もいない場合があります。このままでは「学級全員が説明する活動」は難しいのですが、そんな問題こそ、全員が説明することで理解を図りたいものです。

　普通は、教師、もしくは4人の中の1人か2人を指名して全体に説明し、説明できる生徒を増やした後で「学級全員が説明する活動」に入るだろうと思います。

　それも1つの方法ですが、せっかく説明できそうな生徒が4人もいるのです。この生徒全員を同時に活躍させたいと私は考えます。

　まずは、4人の考え・理解度を、各自のノートなどを見て概ね把握します。説明できそうであれば、教室の四隅にその生徒を立たせて、小黒板などを渡し、他の生徒たちも移動させます。どこへ聞きに行くのかを指示してもよいのですが、慣れてくると自分たちで考えて動き出せるようになります。中には、全体の様子を見て、聴衆が少ない場所にあえて移動する生徒もいて、アイコンタクトとジェスチャーで感謝を伝えていたこともありました。

　4人の生徒がそれぞれ四隅で説明を始めます。大事なことは、ただ説明するのではなく、聞き手が納得しているかどうかを確認することです。納得いかなければ、積極的に聴き返しや質問するように互いに促します。心配なら教師がフォローに入ってもよいのですが、聴衆の中から補足し

て説明する生徒が出るようだとおもしろいので,教師は表に出るのをなるべく我慢し,「それでいいの？　大丈夫？」「補足できる人いるかな？」のように,聴衆を煽る形でのサポートを心がけます。

　途中や説明終了後に,他の場所に移って説明を聞く生徒が出ても,もちろん構いません。

　この後,「学級全員が説明する活動」になるように,考えて指示を出します。

　手軽なのは,だれでもよいのでペアになって,理解したことを説明し合い,相手が納得したら座る方法です。

　4人の説明で,方法や考え方が違う場合は,ジグソー法のようにすることも考えられます。2例紹介します。

①全体が概ね納得できたところで,別の説明を聞いた人同士が集まるように指示を出します。例えば,生徒Aの説明を聞いた人は指を1本立てて手をあげ,生徒Bの説明を聞いた人は指を2本立てて手をあげ…のようにして互いを区別し,別の説明を聞いた3人グループをその場でつくらせます。そこで互いに説明し合い,納得できたら座ります。

②最初の段階でジグソー法を指示しておきます。4人の説明を,班で分担して聞きに行くようにするのです。説明を聞いたら戻って,自分が聞いた説明方法で班員同士で説明し合います。

(5) 教師は何をすればよいのか

　生徒が学びの主体になる「学級全員が説明する活動」を授業の核に据えることを考えると，これまで教える時間が長かった先生方からは「活動の間，教師は何をしたらよいのですか？」という質問をいただくことがあります。

　生徒に上手に教える力をおもちの先生ほど，ご自身の教師としてのアイデンティティが喪失すると思われるのかもしれません。もちろん，いざという場面では，教師が直接指導してもまったく構わないので，その力を発揮する場が全部なくなるわけではありません。

　とはいえ，学びの主導権を生徒に委ねるには，まずは，教師の意識を大きく変革させる必要があります（p.46を参照ください）。このことは，昨今話題の自由進度学習でも同様だと思います。

　また本活動で，「生徒たちのどこをどう見て，どういう場面でどうサポートすればよいのか」について質問されることもよくあります。

　笑われてしまうかもしれませんが，私は日本酒をつくる杜氏のような気持ちで，発言内容の詳細やノートへの記述よりも，生徒たちの表情や発言のトーン，取り組む姿勢を全体的に捉えようとしています。

　もちろん，日本酒をつくった経験はないので，以下はまったくの想像の話になります。

日本酒は杜氏が直接つくるわけではありません。杜氏は，原料の米と麹，そして水を，的確な量とタイミングで合わせます。あとは，酵母の働きでおいしい日本酒に育つことを，じっくりしっかり見守るだけです。もちろん匂いや色，表面に出てくる泡の大きさや量，かきまぜた手の感触，味，発酵過程での温度などを，逐次細かく捉え，必要に応じてかき混ぜる回数を変えたり，温度を上げたり冷やしたりして，ここだというタイミングを見計らって発酵を止め，絞り出しているのだろうと思います。

　私は達人ではありませんが，生徒を思う気持ちは，杜氏の酒造りへの思いに引けを取るとは思いません。生徒たちの成長を願い，生徒たちの言動を捉え，そのときそのときに必要だと思うことを，生徒に委ねることを含めて行ってきました。ですから，まずは個々のやりとりを聞こうとする前に，肌感覚で教室全体を感じ取ることを心掛けてきました。

　教室内に淀んだ空気を感じたら，様子を伺い，視線を送り，それでも気になるようなら，生徒に「どうしたの？」と問いかけることから対応します。

　一方，本気で取り組む表情が見られるところには，必ず素敵なやりとりがあります。生徒のよさや成長を見つけることで教師としての喜びを感じ，思わずつぶやいたり，黒板に生徒に喚起する言葉を書いたりします。そんな教師の姿を，生徒たちも楽しんでいたのかもしれません。

第3章　「学級全員が説明する授業」を有効に行うために

3 個を把握するための振り返り

(1)「振り返りシート」とは

　学びを生徒に委ねていると,生徒一人ひとりの学んだ内容や気持ちを把握し,個別に支援する手段がほしくなります。その手立ての1つが「振り返りシート」です。

　私はいくつかのことを意図して改良を加え,かれこれ20年以上続けています。

　続けることで,その価値や有効性が私の中で年々大きくなっていることを感じています。

　次ページのように,主に「授業内容／わかったこと」と「感想・疑問・予測・次はこんなことを」の2つを記述させ,右側には「意欲」「理解」についての自己評価,右端には教師が□にレ点を入れることで,独自の観点別評価を行い,さらに最下段には,集計欄を設けています。このときには,A4判の用紙表裏に,合計20回分の授業が記録できるようにしていました(現在,大学の教職課程の授業においても,Googleスプレッドシートを使用して,学生たちに振り返りを記述・提出させ,毎時間やりとりを行っています)。

　振り返りは,本来自分自身に向けて書くものですが,生

徒に書かせるだけ・提出させるだけで、教師が反応やリアクションを返さないと、内容が形骸化しがちです。とはいえ、毎時間の授業で、すべての生徒の振り返りにコメントを書くのは、とても大変です。

　このように評価の観点を定めてチェックできるようにしておくと、大多数の生徒にコメントを書く必要がなくなり、短時間でこちらの意図を生徒に伝えられます。チェックするだけにしておくことは、振り返りを継続していくうえでも価値があります。これにより、私の場合、およそ30人分の振り返りを、10〜15分で確認できるようになりました。

※このアイデアは、熊本大学の前田康裕先生から教えていただいたものです。

(2) わかったことと感想や疑問を書かせる理由

「わかったこと」の欄には,授業で特にわかったことを1つだけ具体的に書くこととし,「〇〇がわかった」ではなく「〇〇は△△であることがわかった」のように,述部を詳しく書かせます。例えば「連立方程式の解き方がわかった」ではなく,「連立方程式の解き方は,文字を消去して1種類にすることだとわかった」のように記述します。△△の部分のＮＧワードは「いろいろある」「3つある」などで,「いろいろある」のなら,その中の1つを具体的に書くように指導します。

はじめはさほど重要だと思っていなかったこの欄ですが,書かせてみると,相手に伝わるように書けない生徒が意外に多いことがわかりました。同時に,ここをきちんと書けるようになると,自分の言いたいことを相手に正しく伝えられるようになります。

「感想・疑問・予測・次はこんなことを」の欄には,授業での疑問や気づきを積極的に書かせます。

私はこの欄に強い思い入れがあります。

教師ならだれもが,生徒の創造的な力を伸ばしたいと考えていることでしょう。一方,生徒たちは日常の授業やテストにおいて,求められたことしか答えられないと思いがちです。授業で本論から外れたことを勝手に発言したら収拾がつかなくなって迷惑がかかる,テストなら「そんなこ

とは問われていない」と減点されてしまう、と思っているのです。ですから、教師の想定したレール上を、いかに外れることなく走るのかを生徒たちは常に考えています。

　教師は「いろいろな意見を言ってみよう」などと口では言いながらも、想定外の発言をされると、なかなかいい顔をできません。その繰り返しによって、「先生は次に何を言わせたいのかな？」という学びを生徒たちはしているのです。ですから、想定した発言が出されたとしても、それは生徒の真の意見であるとは限りません。生徒の忖度によって授業の進行を助けられ、結果として、生徒は創造的な発想や思考を表現するチャンスを奪われているのです。教師はそのことにどこまで気づいているでしょうか。

　私は、それではつまらないので、生徒たちには新たな発想をもつ姿勢を育成したいと思うのです。授業で取り上げられるかどうかは別として、生徒が気づいたことや、疑問に思ったことを表現する場を、日常的に設けたい。それを実現するのがこの欄です。

　下は「まわりの長さが40cmで、面積が51cm²の長方形の縦横の長さは？」という二次方程式の授業後の生徒の記述です。単に授業で扱った問題の解法に留まらない、数学的で創造性あふれた生徒の学びの世界が伝わってきます。

(3)毎時間評価して返却する

「振り返りシート」は毎時間提出させ,それを教師が評価し,次時の冒頭に返却しました。(1)でも述べたように,ただ書かせるだけでは生徒も書く甲斐を感じなくなりがちです。そこで評価の観点をカード上部に示し,それに基づいて毎回評価し,その結果は成績にも反映させました。

右端の教師の評価欄とは別に,「わかったこと」については,わかったことが相手に伝わる具体的な内容の記述であれば,左の欄に大きく○をつけて評価を示します。「感想・疑問・予測・次はこんなことを」の評価は,①〜④の4つの観点を定めて,それに合致すれば□に「レ」点を入れ,よさを認めました。特に優れていると感じた場合には「☆」をつけて大いに称賛することにしたのも,前出の熊本大学の前田康裕先生のアイデアです。

私の評価の観点は,以下の通りです。

①学び方	よりよい「学び方」についての具体的な記述
②次がある	次につながる問いや,前向きな気持ちのある記述
③「問い」がgood！	優れた「問い」や,予想のある「問い」の記述
④見方・考え方good！	優れた「数学的な見方・考え方」を感じさせる記述

直接指導することが難しいペアや4人班での活動では，ここに評価することが何よりの有効な指導で，その評価を通して，生徒も自身の成長を実感することになります。

　また①〜④の□の位置を少しずつ右にずらしていることで，縦にザッと見るだけで，観点ごとのポイント集計が簡単にできるように工夫しています。

第3章 「学級全員が説明する授業」を有効に行うために　157

(4) よさを取り上げ，発想や活動の高まりを促す

　優れた問いや考えの記述は，授業の冒頭に生徒名をあげながら紹介します。書かれたものを撮影して画面で紹介すると，関心の度合いや説得力が増します。

　生徒の創造的な問いを紹介すると，その問いから新たな問いが連鎖して生まれ，収拾がつかなくなるほど多様で創造的な学びの世界が広がることもありました。

　「学級全員が説明する活動」などのペアや4人班での活動を行っている際には，「学び方」についての生徒のリアルな声を紹介しました。「学級全員が説明する活動」の価値や問題点を生徒が発信し，その声を共有したうえで，また活動するのです。この繰り返しにより，さらなる高まりに至る学級も少なくありません。

　右は，平方根の計算問題で，教科書の例題を立って説明し，座って問題を解いて班で確認し合う，簡単な班活動での生徒の記述です。生徒が感じていたことをお読み取りください。これらからも，

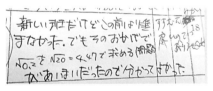

「学級全員が説明する活動」の価値を,生徒たちが実感して行っていることが伺えると思います。

- 班が新しくなり,進まなかったことで,かえって理解できたことに気づいている(上段)
- どう教えるのがよいことなのかを自問自答している(中段)
- わからないままでも説明することで理解した様子と,班で教え合い,他の人が理解することを自分事として喜ぶ様子(下段)

下段の記述
「自分もちょっとしかわかんなかったけど,とりあえず説明したら,先生の言うドミノのようにわかった。最初はわかんないって言ってた班の人に,みんなで教えたら,次の問題ができるようになってて,すごくうれしかった」

(5)授業改善の手がかりは,生徒から教わる

「学び方」の欄を設けていることもあり,生徒が活動していてよかったことだけでなく,気になることも書くようになりました。例えば,次のようなことです。

> ⑦説明する際,相手を見ながら説明できなかった。
> ⑦説明する人が,説明している場所を指さしてくれないので,わかりにくい。
> ⑦指をさして説明していても,他の人は各自の教科書を見ているので,あまり気づいてくれない。

今までの教師の習慣(習性?)で,気になる生徒の活動は教師が真っ先に気づき,改善を指示するものだと思ってきましたが,こういった生徒の記述を読んで,「生徒が学びの主体になっているから,自分たちの学びを考えられるようになるのか。反省点を書くだけでなく,改善を図る方向に生徒自身が動けたら,さらにいいな」と思えるようになりました。

ですから,改善を教師が指示する前に,まずは生徒に伝えて考えさせます。「こんなことを思っている人がいるんだけど,みんなはどう思うかな?」と全体に伝えて考えさせ,その後の反応を楽しみに見るようになりました。

もちろん,積極的に介入することもあります。例えば⑦なら,次のような声かけが考えられます。

「聞く人を意識しての説明ができないことを気にしているってすばらしいね。今日はがんばってほしいし，もしうまくできていないようなら，まわりの人は応援の意味で声をかけてあげてください」

㋑や㋒などは両方一緒に紹介してみると，どう反応するのかがおもしろいところです。直接同じ班の人に改善を求めるのが苦手な生徒もいます。でも，全体の場で提起されると，何らかの反応や変化が生まれます。その後しばらくしてからですが，この件は，「教科書を説明するときは，班で1つの教科書をみんなで見ればよい」というアイディアで落ち着きました。

教科書やノートを相手に向けて見せることなどは，こちらが見つけて，「それはいいね」と声をかけることもありました。これなどは，一度全体に紹介すると，文化として伝播します。

このように学びを生徒に委ねると，よいことはもちろん，気になる表れも出てきます。しかし「振り返りシート」のようなシステムがあると，それを自然な形で常時把握できます。教師はその情報を自分のところで止めず，血液が循環するように生徒に伝え，生徒と共に考え，できれば生徒から改善策が提案されて変化が表れれば，「学級全員が説明する活動」は一層有効なものになります。自分たちの学習を誇りに思えるようになれば，価値を高める動きは止まることなく継続していくことでしょう。

コラム

他教科や高校で学級全員が説明する活動に取り組んでみて

苦手な生徒が意欲的に取り組み始めた

「説明することで，わかっていない自分に気づき，『わからない』と言ったら友だちが説明してくれて，『なるほどそういうことかぁ…』と理解できました」とＡ君がうれしそうに話してくれたそうです。指導者は，初任の先生で，教科は社会科。生徒が意欲的に取り組んでくれなくて，注意ばかりしている自分の授業スタイルを変えようと，１学期最後のころ，ペアでわかったことを説明し合う活動を取り入れました。普段苦戦しているＡ君からこの言葉を聞き，手応えを感じたとのことでした。

２学期に入り，ペアや班で説明し合う活動にほぼ毎時間取り組む中で，１学期苦戦していたＡ君に変化が見られるようになったそうです。

「振り返りの提出がほとんどなかったＡ君が，学習した内容が書けるようになってきました。説明する活動を入れることで，『さっきしゃべったことを，ここに書けばいいのか』という発言もありました。説明する活動をすることで，自分が学習したことが頭に残りやすくなっていること

が，彼の振り返りの変化につながったのではないかと思います」と話してくれました。

「A君は生活面でも落ち着きが見られ始めました。さらに，彼の前向きな変化は，まわりの友だちにも影響を与え始めました。普段一緒にいるB君は，A君の変化に驚き，がんばり出しました。A君に負けたくなかったのかもしれません。また，同じ班のよくできるCさんも，A君の変化に驚き，ルーブリックの上位を目指してがんばり出しました。1人の生徒の変化がまわりに大きな影響を与えたことが一番の驚きです」と現在の様子を話してくれました。

（鳥取県米子市立福米中学校　小谷斉）

生徒がより深く考える機会を
つくることができた

1学期の授業開きで，「ラーニングピラミッド」を生徒に紹介しました。その中で，「他の人に教える」ことが学習内容の定着には有効と言われていることを紹介し，生徒には「問題を解けるだけでなく，学んだ内容を友だちにも教えられるようになろう」と言葉をかけ，活動をスタートしました。最初はうまく活動してくれるだろうかと不安な気持ちもありましたが，教科書の読み取りから説明まで，生徒たちは予想以上に活発に取り組んでいました。

以下は，高校1年生の数学Ⅰの授業で「たすきがけ」を学んだときの様子です。教科書には，たすきがけの問題と

解法が記載されており，生徒はその部分を読んだ後で，たすきがけの方法と，その方法でうまく因数分解できる理由も含めて，ペアで説明し合う活動を行いました。

生徒は友だちに説明するために，いつも以上に集中して教科書をじっくりと読み取っていました。説明し合う活動では，なぜこの方法でうまく因数分解できるのかを説明できない生徒もいましたが，そういった生徒に対しても，他の生徒が根気強く説明していました。

以下は，授業振り返りでの生徒の感想です。

・友だちにたすきがけを教えてもらい，理解が深まった。
・たすきがけの仕方は理解していたが，なぜこうなるのか（うまく因数分解できるのか）は考えていなかった。
・たすきがけを人に教えられるレベルまで上達したい。
・たすきがけの仕組みを理解して説明することができた。

私はこれまで，たすきがけを「問題の解説→練習」の流れで教えてきました。この流れだと，私は教えた気でいても，生徒がどれだけ理解できているのかはわからないまま授業が進んでいたように思います。しかし，説明し合う活動を取り入れると，生徒の理解度を確認しながら授業を進めることができます。そう考えると，これまでの指導では，問題が解けても，生徒はどこまで意味がわかったうえでたすきがけを使っていたのだろうかと疑問さえ感じます。

全員が言葉を交わしながら，全員の理解を目指す授業によって，生徒がより深く考えるようになっていることを感じています。　　　　（島根県立隠岐島前高等学校　小林顕史）

本章で紹介するのは「全員が説明」する活動ではなく、単に答えを言ったり、記述・表出したりする、いわば「全員が発信」する活動です。

　相手に向けて発信することにより、次の段階の「全員が説明」する活動の素地ができます。

　最終章ではありますが、「学級全員が説明する活動」に取り組まれる前に、まずはここから試して、生徒たちの関係や意識を高めておくのもよいでしょう。

第4章

「全員が説明」に慣れるための,「全員が発信」する活動

1 ペアで問題を出し合う活動

(1)ハンドサインで「正負の数」の和と積

①このトレーニングを考えた理由

ペアで問題を出し合う活動は,解答する側だけでなく,出題する側も頭を働かせます。不正解だった場合にヒントを出す場面や,なぜ違うのかを説明する場面が自然に生まれるのも,この活動の大きなメリットです。

まずはペアになって,ハンドサインで2数の和と積の計算を出題し合う活動を紹介します（差や商は交換法則が成り立たないため,出題側・解答側で混乱が生じるので行いません）。

正負の数を表すルールは,右図のように指の本数で絶対値を表し,指が上向きなら正の数,下向きなら負の数を表すこととします。

(+2)

ハンドサインで出せる数は－5から5までの整数に限られます。数字の計算は暗算可能なやさしいものになるので,ここでの課題となる「符号はどちらになるのか」に意識が向くことになります。

(－5)

②トレーニングの実際

まず（ア）のように左右で出す指の本数を変えて、両手とも上向きにして解答側に示します。

(ア)
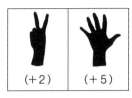

出題側が「たしたら？」と尋ねたら、解答側が「＋7」と答えます。続けて出題側が「かけたら？」と尋ねたら、解答側が「＋10」と答えます。解答が間違っていたら、正解が出るまで出題側はヒントを出し続けます。

(イ)
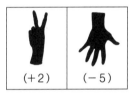

次に、（イ）のように、片手のみ向きを変えて、同様に「たしたら？」「かけたら？」と出題し、解答させます（指の本数はこの後も変えません）。

(ウ)
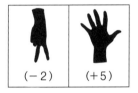

次は、両手とも向きを（ウ）のように変えて出題し、最後は（エ）のように両手とも下向きにすれば、全パターンを練習したことになります。これを1セットとして、出題者を交代します。

(エ)
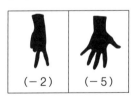

最初は教師が全体に例示してからペア活動を行うとよいでしょう。和と積を同時にトレーニングするので、符号判断が正しくできるようになります。

(2)指コンパスで作図

①このトレーニングを考えた理由

1年「平面図形」では，線分の垂直二等分線，角の二等分線，1点を通る垂線の3種類の作図を学びますが，これらのトレーニングはあまり見かけません。正解を見れば大半の生徒は真似してかけますが，正しく理解・判断しているかどうかは，テストしないとわかりません。繰り返すことが少ないため，習熟しにくいようにも感じます。そこで，指を使った簡易な作図トレーニングを考案しました。

②トレーニングの実際

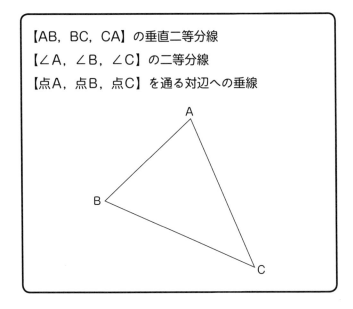

【AB，BC，CA】の垂直二等分線
【∠A，∠B，∠C】の二等分線
【点A，点B，点C】を通る対辺への垂線

1辺が6～10cm程度の鋭角三角形と問題をかいた用紙を配付します。ペアの相手が，3つの作図の中から1つ選び，【　】中からも1つ選んで，作図問題を声で出題します。

　出題された生徒は，親指をコンパスの針，人差し指を鉛筆部分に見立て，図上で指を回し，直線は人差し指で線を引く真似をして作図を相手に示します。できなければヒントを出し，できるまで挑戦させます。これなら数秒で，作図できるかどうかを判断できます。

　ペアを変えて授業冒頭に交互に2問ずつ出題し合い，これを数時間繰り返すことで，ほぼすべての生徒が3種類の作図方法を習得し，違いも識別できるようになります。

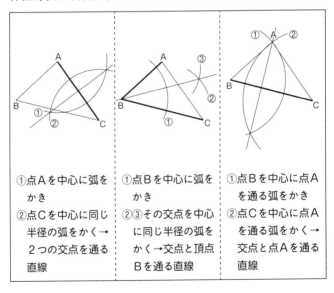

(3) 比例・反比例のグラフを式で表す

①スライドを作成しておく

PowerPointで,下のような問題と解答を示すスライドを,多数作成しておきます。

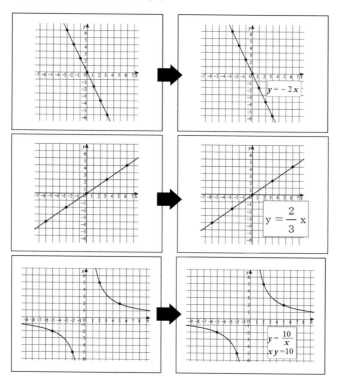

②トレーニングの実際

大型スクリーンに問題を表示して,最初は3秒数えた後で全員一斉に解答させます。生徒の口の動きで,おおよそ

把握できますが，全員に習得させたいところです。

多くの生徒ができるようになってきたら，

「右側の人は，左の人にだけ聞こえる声で答えよう」
と指示して問題を表示し，しばらく解答を示さずに待って，解答が正しいかどうかをペアで確認し合う時間を取ります。この時間がとても大切で，わからない生徒が説明を聞き，理解する時間を設けるのです。正解なら，なぜそうなるのかを説明するようにすれば，時間差に対応できます。

数問行ったところで，今度は役割を交代します。

このようなスライドは，一度つくっておくと何度でも繰り返し使えて便利です。表示する順番をランダムに変える機能（マクロ）のあるアプリを使えば，毎時間行っても飽きません。

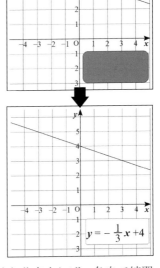

2年生になったら，一次関数のスライドで行います。

慣れてきたら，比例，反比例のグラフも混ぜてやりとりをするのもよい復習になります。

また，1人1台端末があるので，作成したスライドを生徒と共有すれば，各自で練習することも可能です。

(4)平方根の意味理解

①活動A／「平方根ツリー」でのトレーニング

平方根に関する用語の意味は間違いやすく，一度の説明で理解できるものではありません。例えば「√は平方根を表す記号ですが，√と平方根は同じ意味ではありません」「平方根で負の数になるものはありますが，負の数の平方根はありません」など，油断していると教師でも混乱します。そこで平方根の定義を学んだら，授業冒頭に毎回，以下のペア活動を行って習熟を図ります。

下図Aのように，相手が指定した2〜9の整数（ここでは3）を中央の□に書きます。そして「3の平方根は$\sqrt{3}$と$-\sqrt{3}$です」と言いながらBのように書き加え，さらに「3の平方は9で，3を根号で表すと$\sqrt{9}$です」と言いながらCのように書き加えて，正解なら交代します。

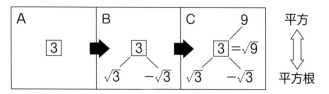

図は上に進むと平方，下に降りると平方根，横は等しい数を表しています。私はこれを「平方根ツリー」と命名し，平方根や根号の定義を確認する段階では，右図のように，さらに上下に書き加えて成長させるようにしながら，紹介しています。活動Aは，その一部を説明しながら書く活動です（2を基にしてます）。

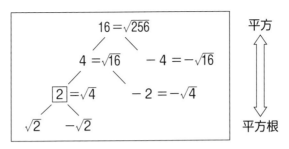

この図は，負の数には平方根が存在しないことも表しています。

②活動B／平方根と平方と根号の意味理解

右の問題文を黒板に示し，相手が言った1桁の整数を□中に当てはめた問題に対し，答えていきます。

(1) □の平方は
(2) □の平方根は
(3) □を根号で表すと
(4) ±√□とは

「3」と言われたら，

(1) ③の平方は9
(2) ③の平方根は±$\sqrt{3}$
(3) ③を根号で表すと$\sqrt{9}$
(4) +√③とは平方したら3になる正の数

のように答えます。

A，Bの活動とも，間違えていたら相手がヒントを出して再挑戦させます。この活動も授業冒頭に数時間繰り返すことで，全員が正しく理解・解答することを目指します。

2 選択式「音声計算カード」

(1)「音声計算カード」とは

「音声計算トレーニング」は愛知教育大名誉教授の志水廣先生が開発されたもので，基本的な学習内容の習熟において抜群に効果的なトレーニング方法です。

縦横の各マスに問題が書かれているカード（表は問題のみ，裏は問題と解答）を見ながら，生徒Aが念頭で計算して答えを声に出し，もう一方の生徒Bが解答を見ながらそれを聞いて，生徒Aの答えが正しいかどうかを確認します。役割を交代して，各1分間で何問正解できるのかを競い，自己記録更新を目指して努力します。

「念頭で」というと，暗算で答えられる限られた問題しか出題できないように思いがちですが，そんなことはありません。

例えば，左のような一次方程式の解法では，通常は，3段階の計算を記述しながら行っています。

音声カードでは，このうちのどれか1段階に限定した問題にするのです。例えば①の「移項する」だけの問題ならば，下表のようにするのです。

問題	$4x-3=2x+7$	$-2x+5=-x-9$
解答	$4x-2x=3+7$	$-2x+x=-5-9$

これなら，念頭で計算して口頭で答えられます。

このトレーニングのよさをあげてみます。

> ア 念頭での計算処理なので，書いて答えるよりも判断・処理のスピードが磨かれる。短時間に多くの問題をこなすことができる。
> イ 同じ問題に繰り返し挑戦するので，解法を認識・理解・習熟しやすく，結果を毎回記録していくことでできるようになったことを実感しやすい。
> ウ わからないときに，1人での学習ではあきらめるか，教員が指導に来るのを待つしかないが，ペアでの学習なので，ヒントをもらったり，励ましてもらったりできる。これにより理解・習熟が増すだけでなく，温かい人間関係も構築されやすい。

詳しくは『中学校数学科　志水式音声計算トレーニング法』（志水廣・横田茂樹著，明治図書，2006）をご覧ください。

(2)指導の実際

①まずは自分1人で練習する

まずは1分間を計時して，1人で練習します。写真のように電子黒板等でタイマーを大きく提示すると，雰囲気が高まります。

練習時には，解答が書いてあるページで，解答部分を定規や鉛筆で隠しながら答えを言い，すぐに解答を見て確かめるようにします（必ず言わせるようにします）。

最初から解答を見てしまっていては，計算を考えることになりません。また，解答が書いていないページで答えを出しても，正解かどうかは裏を見ないとわかりません。ですから，この練習方法を徹底することが肝心です。

②効果のある関わり合いを生むルール

本番はペアで取り組み，生徒Aが正解なら，相手の生徒Bは「はい」と言ってうなずき，間違っていれば生徒Bは即座に「違う」と言って生徒Aに再度答えさせます。

生徒Aが自力で正しい答えが出せないときは，生徒Bがヒントを出し，正答するまで生徒Aに答えさせ，わからないようなら，終了後に「どう考えると正解を出せるのか」を教えます。基本的内容の理解・処理のテストであり，間違えたその場で教え合うので，短時間でも生徒の計算理解

や処理能力が飛躍的に伸びることが期待できます。どちらかが常に声を出している状態になるので、停滞しているペアを教師が把握しやすいという利点もあります。

問題と解答が決まっているので活動しやすく、ペア活動の導入段階や、人間関係づくりにおいても大変有効です。

③選択式の音声計算カードを自作する

音声計算トレーニングを手軽に始めるには、まずは前出の書籍にあるカードをそのまま利用するとよいでしょう。

しかし、何度かやっているうちに、問題を見て考えて答えるのではなく、単に答えを暗記して唱える生徒が出てくるかもしれません。同じ問題を同じ順番で答えることになるので、隣の生徒の声をそのまま復唱してしまう危険性もあります。そこで、私は例えば前出の移項の問題であれば、以下のような選択式のカードをつくり、ペアのAに、□中の＋－を問題ごとに口頭で指定させ、それを聞いたBが瞬時に判断して答えるようにしました。

問題　　$4x \pm 3 = 2x + 7$　　　$-2x + 5 = \pm x - 9$

答え　　$4x - 2x = \mp 3 + 7$　　$-2x \mp x = -5 - 9$

これなら、答えを暗唱することもできませんし、出題す

る側にも緊張感が生まれ，一層効果が上がります。

　カードを自作する際には，この単元で何を理解すべきなのかや，生徒たちがどこでエラーしやすいのかを考慮することになります。カードを継続的に作成し，生徒の実態や反応に応じて改良していくことは，教師自身の指導力を上げる意味でも価値ある作業です。

　右ページのカードの1，2行目では，＋－×÷の違いによって混乱が起こりやすい問題を配列しています。例えば，左上から1列1行目のマスと，1列2行目のマスの問題は，「－」を選択した場合，カッコがついているかどうかで，後ろの項の符号が異なる問題です。

　また，左下の問題で「＋」を指示された場合，同類項をまとめるだけなのに，x^2y^2のように指数を増してしまう生徒がいます。その一方で，右下の問題で「×」を指示されたとき，単に$12xy$とする生徒や，「÷」を指示されたのに，xyの文字を残して解答する生徒もいます。このような，よくある間違いを乗り越えさせることを願い，カードを作成します。

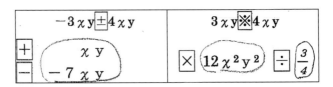

　(「※」のマークは，×または÷のどちらかを選択させるときに使用しています)

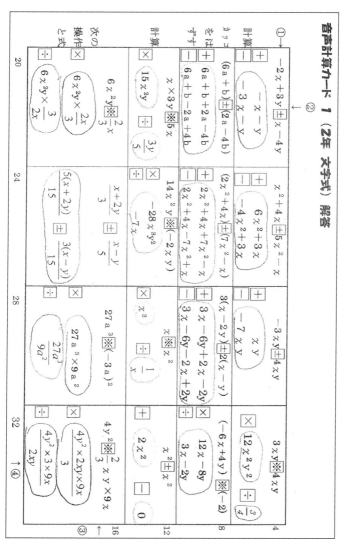

上は，出題者が見るページです。解答者が見るページは，丸で囲まれた正解部分を消したものになります。

第4章 「全員が説明」に慣れるための，「全員が発信」する活動　179

3 アンケート結果を
生徒に開示・共有する

(1)「例題を読み全員が説明する活動」の調査

　生徒たちに，授業についてのアンケートを実施することがあると思います。私も毎年の年度末に生徒の実態把握や授業改善の手がかりを得るため，アンケートを実施してきました。実施の前には，「成績やその後の人間関係には影響しないことを約束するので，ぜひとも率直に教えてほしい」という言葉をつけ加えています。

　このようなアンケートは，「学び方」について全員が出力する機会だと捉えることができます。

　教科書例題を読んで学級全員が説明する活動を始めて数か月後の2019年10月。翌月に研究発表をすることもあって，生徒たちがこの活動をどう感じているのかを知りたくなりました。そこで，担当していた1年生1クラス，3年生3クラス（計98名）を対象に，4件法の選択と，その理由を自由記述するアンケート調査を実施することにしました。

　主なアンケート結果と，自由記述から見えた本活動について生徒が感じていることは，次の通りでした。

(2)調査結果と考察

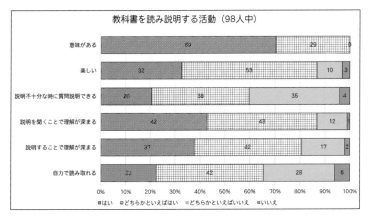

①この活動に対するよさ

・わからないことを気軽に質問できる。
・多様な考え方を知ることができる。
・教科書に詳しく書かれていないことや，式の書き方まで確認できる。
・教科書を読むことで，理解できるようになる。
・説明したり聞いたりすることで，理解が深まる。
・理解しているつもりだが，実は理解できていないことがあるとわかった。
・わからなかったことを理解し，自分も説明できるとうれしい。
・みんなで取り組み，説明し合う楽しさがある。
・人間関係が深まる。

考察

　大半の生徒が，本活動を意味があるものとして受け止めていました。その他の項目から，本活動が学習理解の広がりや確かさ，人間関係づくりにまで有効に働いている可能性があることを示唆していると感じました。

②活動をして気になっていること

・わかるまで一緒に解いてくれるのでありがたいが，プレッシャーを感じてしまうこともある。
・班の進度が遅いと，焦ってしまい，理解できていなくても進めてしまう。
・説明でわかっていないと感じても，そのままにしてしまうことがある。
・人間関係がよくないと，やりとりが難しい。
・班にこだわらず，他の班との交流ももっとできるようにしたい。
・（教科書の類題で）本当に正解なのかがわからない。最後に正解を示してほしい。

考察

　生徒が気にしていたのは，（ア）進度の差が気になること，（イ）わからなくてもそのままにしてしまうこと，（ウ）班のメンバーのこと，（エ）教科書の類題の答えが知りたいこと，の4種類でした。

　どれも「なるほど，そうだろうな」と思う内容です。そこで改善策を生徒たちに考えてもらうことにしました。

(3) アンケート結果を開示する

　学年の途中でアンケートを行ったこともあり,「気になっていること」を含むすべての結果を生徒に開示し,考える時間を設けました。教師が決めた方法で,改善すべき点は改めますが,多くは生徒たちの力で乗り越えてほしい課題だと思ったからです。

　まず,(ア)～(ウ)についてです。活動の目的と願いを確認しました。「進度が遅くても構わないので安心して取り組んでほしい」「ゴールの全員が理解・説明」「やったふりでは意味がない。確実にできるものを1つでも増やす方が価値がある」「関係づくりも学校だから学べる」を改めて伝えました。そのうえで,どうしたらさらによい活動になるのかを考えて,各自が活動するよう依頼しました。

　一方,(エ)については,改善を約束しました。これまでは,「理由もわからず正解を書くだけでは意味がない。自分たちで吟味することに価値がある」という考えで,教科書の類題を班で徹底して確認させるため,正解を最後まで示さずに終わることもあったのです。

　改善策はもちろん,全体の進行を止めて正解を黒板に示したり,説明したりするのではありません。授業事例でも示していたように,教師用指導書を教卓に置き,心配なら,生徒がいつでも確認できるようにしたのです。これなら,班ごとの活動を妨げることはありません。

(4)生徒に情報を開示・共有するよさ

①活動がさらに向上

驚いたのは,次の時間からです。互いが感じていた活動のよさや,気になる点を確認でき,安心したからでしょうか。生徒たちは,これまで以上に真剣に活動に取り組みました。

若干課題に感じていた「説明が不十分なときのやりとり」や「自力で読み取る姿勢」に関しても,これまでにない意識の高さでやりとりするようになり,「振り返りシート」にも次のような記述が見られました。

・自分でわかったことをしっかり説明できてよかったです。班の人もしっかり反応してくれてうれしかったです。
・最近班での取組がより深められている気がする。でも,その分時間がかかっている。スピーディーかつ深められるようにしていきたい。

②教師用指導書の生徒への開示

教師用指導書を自由に見られるようにしたら,生徒たちがどう反応するのかは,実はとても興味がありました。多かったのは,班での関わり合いがひと通り終わったところで確認に来るケースで,次に見られたのは,早く解けた生徒が,正解を確認しに来るケースでした。教卓に来て自分の出した答えが正解であることを確認して「やっぱりね」と言う声や,「あれっ?」と言う声を聞くと,改善してよ

かったと感じました。

教科書の章末にある課題学習的な問題で苦戦していた班が，教卓を囲んで集まり，指導書の正解を見ながら，

なぜそうなるのかを討議し，理解に至るシーンもありました。この姿から，解法につながるリソースは，可能な限り生徒に開放すべきだと改めて感じました。

③授業の主体は生徒たち

考えてみると，「振り返りシート」に書かれた個々の意見を紹介することはあっても，アンケート結果のすべてを生徒に示して授業での「学び方」を考える場を設けてこなかったことに気づきました。学びに関わる情報の核心部分を教師だけが握っていたことを反省し，積極的に開示・共有すべきだという思いを強くしました。

授業の主体は生徒たちです。よりよい学びの在り方や，そのための改善策を日頃から考えているのは，他でもない生徒たちなので，生徒に任せるのが自然なのです。

学びを生徒に委ねることは，教師としては不安もあります。生徒の実態とバランスに配慮しながらになりますが，これらのことを通して，教師の役割について改めて理解したように思いました。

おわりに

　よりよい授業の在り方について，長年，故岡本光司先生や飯島康之先生をはじめとする多くの先生方のご実践・ご研究から薫陶を受け，目の前の生徒たちと共に試行錯誤を繰り返し，研鑽を続けてまいりました。

　2019年秋，生徒同士の関わり合いと，生徒の問いを生かした「理想の授業」が確立した思いになりました。苦手な生徒の思いも含めた全員の力を生かすことで，習得と探究の両立を可能にし，創造的で人間的な温かさもある，私が長年追い続けてきた，理想の授業スタイルです。

　ところが2020年初頭からのコロナ禍で，3月後半から5月初旬まで学校は休校となり，授業再開後も感染防止のため，生徒同士の直接の関わり合いを極力禁止する方針が出されました。受け入れるしかありません。

　私がたどり着いた理想の授業は，生徒同士の関わり合いをベースにしたものです。あれほど輝いていた生徒たちの姿は公開しても意味をもたず，積み上げてきた宝物のような時間，実践研究が無に帰したようで，呆然としたことを思い出します。

　2022年の4月からは大学に職を得たのですが，自分が為すべきことに迷う日々でした。

　コロナ禍が概ね収束してきた2023年初夏，松江の柘植守

先生と米子の小谷斉先生を中心とした研究会から声をかけていただき，放置されていた理想の授業を発表する機会を得ました。参会された先生方からも，高い関心をもって受け止めていただき，その後「学級全員が説明する活動」を実践された先生方からは，生徒の変容を伝える共感の声を得ることができました。

「学級全員が説明する活動」は，シンプルで，だれもが実行・評価可能な活動です。生徒の問いを生かした授業だけでなく，数学教育の世界で積み上げられてきた数学的活動の充実，問題解決学習，探究的な学びなどとも親和性があり，それらを一層充実させます。何より，習得的な学習において高い効果があります。それどころか，校種や教科を超えて有効な活動であることもわかってきました。

ささやかなこの学習活動で，日本中の教室に活力と笑顔が広がることを願い，再び光を当てていただいたことへの感謝を力に換えて，今後も微力ながら尽力する所存です。

末筆ながら，本著の企画から内容のアドバイスまで，明治図書出版の矢口郁雄氏には，多岐にわたってお世話になりましたことを記し，感謝の言葉とさせていただきます。

2025年3月

　　　　　　　　　　　　　　　　　　　　　　武藤寿彰

【執筆者一覧】

武藤　寿彰（大阪工業大学）

井上　孝行（埼玉県久喜市立久喜中学校）

柘植　　守（島根県松江市立第三中学校）

菅原　　大（北海道教育大学附属旭川中学校）

三島圭一朗（島根県松江市立第一中学校）

小谷　智哉（北海道名寄市立名寄中学校）

小谷　　斉（鳥取県米子市立福米中学校）

小林　顕史（島根県立隠岐島前高等学校）

【著者紹介】

武藤　寿彰（むとう　としあき）
1963年静岡県生まれ。1985年早稲田大学教育学部理学科数学専修卒業後，静岡市の公立中学校に勤務し，2022年より大阪工業大学特任教授。
生徒の「問い」をICTで探究する授業を開発・発表する過程で，生徒同士の関わり合いをメインにした授業を提案。出逢いを通して「生き方」を考える道徳教育や総合的な学習の時間についても実践発表を行っている。JAPETコンピュータ教育実践アイディア賞　2008年会長賞，2011年文部科学大臣賞。

単著『ペア，スタンドアップ方式，4人班でつくる！　中学校数学科　学び合い授業スタートブック』（2015年，明治図書）
共著『ICT×数学　GIGAスクールに対応した1人1台端末の授業づくり』（2021年，明治図書），『中学数学ラクイチ授業プラン』（2021年，学事出版）『生活科・総合の実践ブックレットNo.14』（2020年，日本生活科・総合的な学習教育学会）他

中学校　学級全員が説明する数学授業

2025年4月初版第1刷刊　Ⓒ著　者　武　藤　寿　彰
　　　　　　　　　　　　　発行者　藤　原　光　政
　　　　　　　　　　　　　発行所　明治図書出版株式会社
　　　　　　　　　　　　　　　　　http://www.meijitosho.co.jp
　　　　　　　　　　　（企画）矢口郁雄（校正）大内奈々子
〒114-0023　　東京都北区滝野川7-46-1
　　　　振替00160-5-151318　電話03(5907)6701
　　　　　　ご注文窓口　電話03(5907)6668
＊検印省略　　　　　　　組版所　藤　原　印　刷　株　式　会　社

本書の無断コピーは，著作権・出版権にふれます。ご注意ください。

Printed in Japan　　　　　　ISBN978-4-18-375022-8
もれなくクーポンがもらえる！読者アンケートはこちらから

授業がガラッと変わるほど、
問いや支援、価値づけの語彙が豊かに！

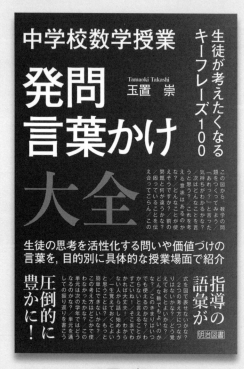

玉置 崇【著】

数学授業で役立つ発問や言葉かけを目的別に100個収録。「次はどんなことを言うと思う？」（問題把握）、「どこに動かしても言えるかな？」（条件変え）、「これですべてかな？」（きまり）、「表情発言でも大丈夫！」（全員参加）等々、超実践的なフレーズ集です。

224ページ／四六判／定価 2,376円(10%税込)／図書番号：2535

明治図書　携帯・スマートフォンからは **明治図書 ONLINE へ**　書籍の検索、注文ができます。▶▶▶

http://www.meijitosho.co.jp　＊4桁の図書番号で、HP、携帯での検索・注文が簡単に行えます。

〒114-0023　東京都北区滝野川7-46-1　ご注文窓口　TEL 03-5907-6668　FAX 050-3156-2790

どの生徒にも、これからの時代に
求められる資質・能力を育む！

中学校数学 生徒の自律と自立を促す 単元内 自由進度学習

松﨑 大輔 [著]

教室に35人の生徒がいれば、
35通りの学びの進め方がある

学力差が大きく、学習適性も異なっており、同じ問題を解くために必要な時間も大きく異なるクラスの生徒全員が、50分間の授業中のほぼすべての時間「ああでもない、こうでもない」と思考し、これからの時代を生きるために必要な多くの力を高めていく授業の提案。

松﨑 大輔

数学が得意な生徒にも、苦手な生徒にも、学習者としての真の「自律」と「自立」を促す学びのスタイルの提案。環境整備、伴走者としての教師の役割から、出会いの授業のつくり方、単元の展開の仕方まで、「単元内自由進度学習」のすべてを詳しく解説します。

208ページ／四六判／定価 2,200円(10%税込)／図書番号：3871

明治図書 携帯・スマートフォンからは **明治図書 ONLINE へ** 書籍の検索、注文ができます。▶▶▶

http://www.meijitosho.co.jp ＊4桁の図書番号で、HP、携帯での検索・注文が簡単に行えます。
〒114-0023 東京都北区滝野川7-46-1 ご注文窓口 TEL 03-5907-6668 FAX 050-3156-2790

普段の授業で使える
活きのいいネタ満載！

玉置　崇
[編著]

説明ネタ、課題ネタ、教具ネタ、探究ネタの4ジャンルに分けて、中学校数学の全単元に渡り、日々の授業で使える工夫やアイデアを110本集めました。理解しにくい内容の気の利いた説明の工夫から、深い思考を促す探究の問いまで、バラエティ豊かな内容です。

各 128 ページ／A5 判／定価 2,046 円(10%税込)／図書番号：2431, 2432, 2433

明治図書　携帯・スマートフォンからは **明治図書 ONLINE へ**　書籍の検索、注文ができます。▶▶▶

http://www.meijitosho.co.jp　＊4桁の図書番号で、HP、携帯での検索・注文が簡単に行えます。

〒114-0023　東京都北区滝野川7-46-1　ご注文窓口　TEL 03-5907-6668　FAX 050-3383-4991